스무 살이 되는 아들에게

스무 살이 되는 되는 ───── 아들에게

쉰 살 아빠가 스무 살 아들에게
보내는 사랑과 응원

임채성 지음

루이앤휴잇

너만의 춤추는 별을 만들어라

이제 붙잡았던 네 손을 놓아야 할 때가 되었구나. 어엿한 성인이 되는 네게 부모라는 구실로 더는 이래저래 참견할 수 없게 되었으니 말이다. 그동안 부모와 학교, 사회로부터 통제받는 삶을 산 너는 비로소 처음 느끼는 무한한 자유가 한없이 기쁘고 즐거울 것이다. 나 역시 그랬으니까. 하지만 그것이 반드시 좋은 것만은 아니다. 이제부터는 너 스스로 네 길을 찾고, 그에 대한 책임 역시 오롯이 져야 하기 때문이다.

지금의 기쁨과 즐거움은 머잖아 혼란과 혼동, 방황으로 바뀔 수도 있다. 그때부터가 중요하다. 그것을 어떻게 극복하고 나아가느냐에 따라서 네 삶이 결정되기 때문이다. 누구도 거기에 관여할 수 없다. 너 스스로 그것을 해결하면서 원하는 곳을 향해 나아가야 한다.

생각 같아서는 네게 세상의 모든 지혜와 지식을 전해줘서 삶이라는 낯선 길에서 헤매지 않고 네 길을 올바르게 찾아가게 하고, 위기에 처할 때마다 지혜롭게 빨리 벗어나게 하고 싶지만, 안타깝게도 내 역량이 거기까지는 도저히 이르지 못한다. 그래도 네게 도움이 되고 싶은 마음에, 옛 어머니들이 흐릿한 불빛 아래서 구멍 난 천을 한땀 한땀 꿰서 정성을 다해 옷을 만든 것처럼 살면서 깨달은 얼마 안 되는 지혜와 지식일망정 차곡차곡 정리했다.

바라건대, 이것이나마 네가 낯선 길에서 헤매지 않도록 앞길을 밝혀주는 불빛이 되었으면 한다. 이미 알고 있는 것도 있을 테고, 고루하다고 생각하는 이야기도 있을 것이다. 그런 이야기는 기억에 남지도 감동하게 하지도 못할 테니 무시해도 좋다. 단 한 줄이라도 좋으니, 네 삶에 도움이 되는 이야기만 기억하고, 삶에 활용했으면 한다. 이 책을 쓴 이유도 거기에 있으니까.

'미어캣'이라는 사막 동물이 있다. 겁이 많아서 항상 고개를 빳빳이 세우고 주위를 경계하는 모습이 재미있다며 코미디 소재로 삼기도 하지만, 미어캣이 왜 그러는지 이유를 알고 나면 누구도 더는 웃지 못할 것이다.

미어캣은 30마리 정도가 무리 지어 '하나는 모두를 위해서, 모두는 하나를 위해서'라는 공동체의 삶을 산다. 그러다 보니 천적인 매나 독수리를 경계하기 위해 서로 순번을 정해 보초를 서기도 하고, 암컷이 새끼를 낳으면 다른 암컷들이 서로 젖을 먹어가며 함께 새끼를 키우기도 한다. 적이 공격해 오면 자기 몸을 방패 삼아 굴 입구를 가로막아서 가족과 동료를 지키다가 죽기도 하지. 한마디로 파수꾼의 삶을 살다가 일생을 마치는 셈이다.

부모의 마음은 그런 미어캣과 같지 않을까 싶다. 어렸을 때는 행여 넘어져서 다치지는 않을까 싶어 마음 조아리며, 자라면서는 혹시 옳지 않은 길로 엇나가지 않을까 싶어 노심초사하며 항상 고개를 빳빳이 세운 채 자식과 그 주위를 끊임없이 쳐다보는 것이 미어캣과 무척 닮았기 때문이다.

나 역시 그런 마음으로 지금까지 살았다. 하지만 이제 네 손을 놓아야 한다. 한편으로는 세상 앞에 홀로 선 네가 걱정되기도 하지만, 이제 그 걱정마저 내려놓으련다. 그것이 오히려 네가 홀로 서는 데 방해가 될 수도 있을 테니까.

사람은 누구나 단 한 번뿐인 삶의 여행자다. 누구도 그것을 경험한 적 없다. 그러니 모두가 똑같이 삶의 초보자라고 할 수 있다.

낯선 길을 가는 초보자일수록 정확한 목표와 뚜렷한 계획이 있어야 한

스무 살이 되는 아들에게

다. 그렇지 않으면 아무리 좋고 편한 길도 험하고 복잡하게만 느껴지기 때문이다.

아직 꿈과 목표를 정하지 못했다면, 먼저 그것을 정해라. 만일 그것이 정해졌다면 그것을 이루기 위해서 뭘, 어떻게 해야 할지 뚜렷한 계획을 세워야 한다. 그래야만 어디로 가야 할지 알 수 있고, 비로소 진정한 여행을 시작할 수 있다.

바라건대, 네가 가고자 하는 곳으로 네 삶을 가게 해라. 괜한 고민과 걱정 때문에 삶을 낭비하지 마라. 쓸데없는 고민과 걱정은 삶을 힘들게만 할 뿐 어디에도 데려다주지 못한다. 고민한다고 해서, 걱정한다고 해서 나아지는 건 전혀 없다. 고민되고 걱정되는 일일수록 직접 몸으로 부딪쳐야 한다. 물론 그 과정에서 수많은 혼란과 혼돈을 경험할 것이다. 방황하고 좌절할 수도 있다. 하지만 그것 역시 너무 걱정하지 마라. 그런 과정을 통해서 진짜 너와 만날 수 있을 뿐만 아니라 어디로 가야 하는지 알 수 있으니까. 니체의 말마따나 "혼란과 혼돈이 마음속에 있어야만 나만의 춤추는 별을 만들 수 있다."

어떤 순간에도 희망을 잃어서는 안 된다. 희망이 없으면 더는 앞으로 나아갈 수 없을 뿐만 아니라 미래 역시 암울해진다. 실수와 실패, 시련과 역경을 겁내거나 두려워하지 마라. 그것에 굴복하지 않고 앞을 향해 계속해서 나아가야만 네가 원하는 삶과 만날 수 있다. 또한, 사람은 그런 과정을 겪은 뒤라야 더욱더 단단해지고, 성장한다.

너도 알다시피, 이 세상은 따뜻한 햇볕과 무지개로만 절대 채워져 있지는 않다. 온갖 추악한 일과 더러운 세상만사가 공존하는 것이 바로 우리 삶이다. 그렇다고 해서 세상을 그런 눈으로 보고 거칠게 살라는 얘기는 아니다. 그런 태도는 오히려 네 삶을 망가뜨릴 뿐이다. 그보다는 치열하게 살아야 한다. 즉, 후회가 남지 않도록 매 순간 최선을 다해야 한다.

한물간 권투 선수의 삶을 담은 영화 〈록키 발보아〉를 보면 주인공 록키가 링에 다시 서겠다고 하자, 성인이 된 아들이 고집스럽게 말리는 장면이 나온다. 록키는 그런 아들을 향해 진지한 표정을 지으며 이렇게 말한다.

"너와 나, 그리고 모든 사람에게 인생은 난타전이야. 중요한 것은 얼마나 강한 펀치를 날리느냐가 아니야. 끊임없이 맞아 가면서도 조금씩 전진하며 뭔가를 하나씩 배우는 게 중요해. 계속 전진하면서 말이야. 그게 바로 진정한 승리야. 물론 옳지 않은 태도로도 세상을 살 수도 있어. 하지만 네가 정말 치열하게 살 생각이 있다면 다른 사람들의 시선에 집착하지 않아야 해. 그래야만 네가 되고 싶은 사람이 될 수 있으니까.”

지금 생각해도 정말 멋진 말임이 틀림없다. 언젠가는 이 말을 네게 꼭 해주고 싶었는데, 이제야 들려줄 수 있게 되었다. 부디, 이 말을 삶의 중요한 교훈 삼아 네 삶을 채워나가기를 바란다.

다른 사람의 시선 따위는 신경 쓰지 마라. 네가 그들을 잘 모르듯, 그들 역시 너에 대해서 모르기는 마찬가지다. 그러니 다른 사람의 시선에 너를 맞추려고 하지 말고, 네가 하고 싶은 일에 집중해라. 누구나 자신에게 온전히 집중할 때 비로소 그 무엇에도 신경 쓰지 않게 되고, 자신의 삶에 전념할 수 있다.

너무 서두르거나 조급해서는 안 된다. 서두를수록 실수하거나 일을 그르치기에 십상이기 때문이다. 씨앗을 뿌렸다고 해서 곧바로 열매를 수확할 수는 없다. 비바람과 땡볕을 온전히 견디면서 참고 버텨야만 꽃도 피우고, 열매도 맺을 수 있다. 모름지기, 최고의 작품일수록 오랜 기다림이 필요한 법이다.

때때로 외롭고, 겁이 나고, 두렵겠지만, 용기를 내서 보란 듯이 홀로 서 봐라. 실수해도 좋고, 몇 번쯤 실패해도 괜찮다. 록키의 말처럼 중요한 것은 그것을 이겨내면서 계속 전진하는 것이니까. 첫걸음의 보폭이 반드시 클 필요는 없다. 조금씩 조금씩 네가 가고자 하는 길을 향해 뚜벅뚜벅 걸어가면 된다. 그러다 보면 어느 순간 네가 원하는 삶과 결국 만나게 될 것이다. 나는 그런 너를 지켜보면서 언제나 응원할 것이다.

바라건대, 너만의 춤추는 별을 만들 수 있기를 바란다.

_ 2021년 가을, 하나뿐인 아들 임률에게

아빠 임채성 씀

찬란하게 빛나는 것은 순간을 위해서 생겨난 것이지만,
참된 것은 후세까지 사라지지 않고 남는다.

── 괴테, 《파우스트》 중에서

★ CONTENTS ★

CONTENTS

● ● ●

지름길은 언제나 인류를 커다란 위협으로 이끌었다.

지름길이 발견되었다는 얘기를 들으면, 대부분 사람이 그 길로 급히 떠났지만,

대부분 거기서 길을 잃었기 때문이다.

___ **프리드리히 니체**

네가 가고 싶은 곳으로
네 삶을 가게 해라

여행을 떠나려는 사람이 가장 먼저 해야 할 일은 과연 뭘까? 가고 싶은 나라의 역사와 정치, 경제, 문화를 공부하는 것? 숙박 및 맛있는 음식, 여행지에 관한 고급 정보를 모으는 것? 물론 그것들 역시 알면 좋은 정보이기는 하지만, 그에 앞서 반드시 알아야 할 것이 있다. 그런데 대부분 사람은 그것을 대수롭지 않게 생각한다. 여행이라는 즐거움에 흠뻑 취해서 그것의 중요성을 간과하기 때문이다.

여행을 떠나려면 어디에 갈 것인지를 가장 먼저 정해야 한다. 그래야만 제대로 된 계획을 통해 여행을 즐길 수 있을 뿐만 아니라 실수와 혼란역시 최소화할 수 있다. 물론 처음부터 목적지를 정하지 않고 여행을 떠나는 사람들도 있기는 하다. 여행 고수일수록 그런 일이 잦다. 하지만 여행 초보자가 그런 흉내를 냈다가는 크게 후회하게 된다. 수많은 실수와 혼란을 경험할 것이 틀림없기 때문이다. 그런데 만일 그것이 여행이 아니라 우리 삶이라면 어떻게 될까.

　사람은 누구나 단 한 번뿐인 삶의 여행자다. 누구도 그것을 경험한 적 없다. 그러니 모두가 똑같은 삶의 초보자라고 할 수 있다. 낯선 길을 가는 여행 초보자일수록 정확한 목표와 뚜렷한 계획이 있어야 한다. 그렇지 않으면 아무리 좋고 편한 길도 험하고 복잡하게만 느껴지기 때문이다.

　아직 꿈과 목표를 정하지 못했다면, 먼저 그것을 정해라. 만일 그것이 정해졌다면 그것을 이루기 위해서 뭘, 어떻게 해야 할지 뚜렷한 계획을 세워야 한다. 그래야만 어디로 가야 할지 알 수 있고, 비로소 진정한 여행을 시작할 수 있다.

　네 꿈과 목표는 다른 누군가가 정해주거나 이루어주는 것이 아니다. 너 스스로 그것을 정하고, 그것을 이루기 위해 최선을 다해 노력해야 하며, 그에 대한 책임 역시 네가 직접 져야 한다.

　삶에 있어서 속도는 매우 중요하다. 목표를 향해 다른 사람보다 더 빨리 움직인다는 것은 그만큼 앞서간다는 뜻이기 때문이다. 하지만 삶의 성공과 행복이 반드시 속도와 일치하는 것은 아니다. 도착점, 즉 목표가 자신이 가고자 했던 최종 목적지라면 상관없지만, 그저 경쟁에 취해서 목표와는 전혀 상관없는 곳에 도착한다면 아무리 일찍 도착해도 소용없기 때문이다. 생각건대, 그보다 더 큰 불행은 없을 것이다.

출발에 앞서 삶의 방향, 즉 목표를 확실히 정해야 한다. 목표가 없는 삶은 나침반 없이 항해하는 것과도 같다. 어디로 가야 할지 알 수 없기 때문이다. 확실한 목표가 있어도 중간중간 헤매고 좌충우돌하는 것이 우리 삶이다. '이 길이 정말 맞는지', '내가 정말 제대로 가고 있는지'라는 의문이 수없이 들기 때문이다. 그럴 때는 한 번쯤 멈춰 서서 걸어온 길을 되돌아보는 것이 좋다. 그와 함께 '내가 지금 제대로 가고 있는 것일까?'라는 질문을 자신에게 해야 한다. 혹시 잘못된 방향으로 가고 있다면 그 원인은 무엇이며, 그것을 해결하려면 어떻게 해야 하는지 이유와 해결책을 찾아야 하기 때문이다.

누군가의 말마따나, 삶은 오르막과 내리막, 직선과 곡선, 평지와 진흙탕이 끊임없이 이어지는 고난의 행군이다. 삶에 지름길은 없다.

독일의 시인이자 철학자인 프리드리히 니체(Friedrich Wilhelm Nietzsche)는 《Morgenro》에서 이렇게 말한 바 있다.

"지름길은 언제나 인류를 커다란 위협으로 이끌었다. 지름길이 발견되었다는 얘기를 들으면, 대부분 사람이 그 길로 급히 떠났지만, 대부분 거기서 길을 잃었기 때문이다."

정직하게 한발 한발 삶이 정해놓은 길을 걸어가야 한다. 누구도 그 길을 건너뛸 수는 없다. 행운에 기댈 생각은 처음부터 하지 않는 것이 좋다.

삶은 순간순간의 선택으로 이루어진다. 따라서 매 순간 집중하고, 이왕이면 많은 경험을 통해 자신을 성장시켜 나가야 한다. 그런 점에서 볼 때 나는 살면서 경험보다 가슴에 생생하게 와닿는 지혜는 접하지 못했다. 책이나 선생님, 전문가의 말을 통해서도 지식을 얻을 수 있지만, 복잡한 이 세상을 살려면 지식보다는 지혜가 필요하다. 지혜는 경험을 통해 얻어진다. 즉, 살면서 여기저기 부딪히고 깨지면서 배운다. 그런 것이라야 피와 살이 된다. 그렇지 않은 것은 지식일 뿐이며, 그만큼 절실하지 않기에 곧 잊히고 만다.

이왕이면 많은 일을 경험해봐라. 교과서에 나오는 지식만으로는 삶의 난제를 해결하기가 쉽지 않다. 삶의 문제를 해결하려면 지식이 아닌 지혜가 필요하다. 그러자면 나보다 먼저 세상을 경험한 이들의 말을 잘 들을 필요가 있다. 특히 고전은 인간의 삶을 비추는 거울과도 같다. 인간사의 모든 문제와 해법이 거기에 들어 있기 때문이다. 예컨대, 《사기》를 읽다 보면 누구나 고민하는 주제인 사람과 세상에 관한 통찰력과 분별력을 키울 수 있다. 몇천 년의 시간이 흘렀지만, 많은 사람이 힘들 때마다 고전에서 삶의 지혜를 구하는 이유도 바로 그 때문이다. 물론 생각하기에 따라서는 그 말이 고루할 수도 있다. 나 역시 너만 했을 때는 그렇게 생각했다. 하지만 나이 들수록 점점 그 말이 가슴에 와닿더구나. 그러니 살면서 어려운 문제에 부딪혔을 때는 고전에서 그 해답을 찾는 것도 좋은 방법이다.

또 한 가지 중요한 것은 과거나 지금의 너를 보고 네 미래를 결정해서는 안 된다는 것이다. 사람은 살면서 수십 번도 더 변하기 마련이다. 세상에는 네가 원하는 삶을 사는 이들이 분명 있다. 그들 역시 너와 똑같은 길을 걸었고, 똑같은 생각을 하면서 고뇌와 성찰의 시간을 보냈다. 하지만 그들은 과거나 현재가 아닌 미래를 보면서 꿈을 품었다. 너 역시 그래야만 한다. 뒤로 가거나 제자리걸음이 아닌 앞을 향해 나아가야 한다.

앞을 향해 나아가려면 자신에게 끊임없이 질문해야 한다. 물론 해답을 찾지 못할 수도 있다. 하지만 중요한 것은 해답이 아닌 해답을 찾는 과정이다. 그것을 통해 사람은 더욱더 단단해지고 성장하기 때문이다. 그런 점에서 볼 때 우리가 살면서 잊지 말아야 할 질문이 두 가지 있다. '나는 누구인가?'와 '나는 지금 어디로 가고 있는가?'라는 질문이 바로 그것이다. 하지만 안타깝게도 지금까지 이 질문에 대한 해답을 명확히 제시한 사람은 아무도 없다. 나 역시 그 질문의 답을 아직 제시하지는 못했다. 생각건대, 그것은 우리가 죽을 때까지 고민해야 할 삶의 숙제가 아닌가 싶다.

쉰 살이 다 된 나 역시도 아직 삶이 무엇이고, 내가 어디까지 왔는지 정확히 알 수가 없다. 그만큼 삶은 어렵고, 의문투성이다. 그렇다고 해서 삶의 해답을 찾는 일을 외면해서는 안 된다. 그럴수록 더 나를 알고, 삶을 알기 위해서 노력해야 한다. 그것이 삶이 우리에게 준 의무이자 숙제이니까.

▶▶▶ 세상에서 처음 하는 일은 누구도 가르쳐줄 수 없다. 그것에 대해서 아는 사람이 없기 때문이다. 네 미래와 꿈 역시 마찬가지다. 누구도 그

것에 관해서 너보다 더 잘 알지 못한다.

나 역시 네 꿈과 미래에 대해서 이래라저래라할 자격은 없다. 그런데도 이 글을 쓰는 이유는 삶의 현장에서 부딪히고 깨지면서 깨달은 내 경험이 네 삶에 조금이라는 도움이 되었으면 하는 마음에서다.

이제 너도 더는 아이가 아니다. 학교 밖으로 나와서 사회의 첫 출발선에 선만큼 지금까지 경험하지 못한 자유를 즐기면서, 이왕이면 세상을 네 것으로 만들어가라. 즐기고, 도전하는 사람만이 세상을 자기 것으로 만들 수 있다. 그것이 내가 지금껏 경험한 세상의 성공 룰이다.

바라건대, 네가 가고자 하는 곳으로 네 삶을 가게 해라.

사람은 '틀린 것'이 아니라 '다른 것'이다

인간관계에 서툰 내가 꺼리는 단어가 몇몇 있다. '공동체'라는 말 역시 그중 하나다. 거기에는 개인의 '개성'보다는 집단의 '목적'을 훨씬 중요하게 생각하는 뉘앙스가 담겨 있기 때문이다. 알다시피, '공동체'란 운명이나 생활, 목적 등을 같이하는 두 사람 이상의 조직체를 말한다. 좁게는 가족과 친족에서부터 넓게는 지역과 국가까지, 우리 주변에는 매우 다양한 공동체가 있다.

가족과 친족이 '혈연'을 중심으로 이루어진 공동체라면, 지역과 국가는 사는 곳 즉, '지연'을 중심으로 이루어진 공동체다. 내가 꺼리는 것은 그런 공동체가 아닌 '이념' 같은 정신적인 요소를 기반으로 하는 결사공동체, 특히 그중에서도 조건이나 상황 등은 전혀 고려하지 않는 맹목적인 공동체다. 대부분 더 큰 사회와의 관계에서 발생하는 압력을 극복하

거나 자신들의 목적을 관철하기 위해서 뭉친 집단으로 '압력단체'라고
도 한다.

　문제는 그런 공동체일수록 폐쇄성이 짙다는 점이다. 개인보다는 공동
체를 우선시하며 '우리'를 훨씬 중요하게 여기기 때문이다. 과연, 그런 공
동체에 구성원의 개성과 자율을 존중하는 마음이 존재할 수 있을까.

　사실 그런 공동체에 대해서는 말조차 아끼고 싶다. 비단, 나뿐만이 아
니라 누구라도 그런 공동체를 함부로 건드리려고 하지 않는다. 같은 편
이 아니라고 생각하는 순간, 득달같이 달려들어서 헐뜯을 것이 틀림없
기 때문이다. 그들에게는 여유와 관용을 기대할 수 없다. 그만큼 자신들
의 목적에 반하면 폭력을 행사하거나 정의에 어긋나는 일도 서슴지 않
는다. 그 이유는 우리와는 전혀 다른 신념, 즉 가치관을 지니고 있기 때
문이다.

　가치관이란 자기를 포함한 세계나 어떤 대상에 대해 부여하는 가치나
그에 관한 생각을 말한다. 삶이나 어떤 대상에 대해서 무엇이 좋고, 옳고,
바람직한지를 판단하는 관점, 즉 우리가 사는 데 있어서 필요한 '도덕적,
객관적 잣대'가 바로 가치관이다. 그 때문에 가치관은 매우 중요하다. 개
인은 물론 조직의 운명을 결정하기 때문이다.

　가치관은 어린 시절 부모를 통해 가장 먼저 형성된다. 그 후 학교 교육
과 경험, 독서, 사회생활 등을 통해 만들어진다. 그러다 보니 누군가가 특
정한 행동을 할 때 가장 먼저 그의 성장환경과 교육환경을 들여다보는

경우가 많다. 그것을 통해 그런 행동을 하는 이유를 알 수 있기 때문이다.

화가 마르크 샤갈(Marc Chagall), 물리학자 알베르트 아인슈타인 (Albert Einstein), 정신분석학의 창시자 지그문트 프로이트(Sigmund Freud), 페이스북 창업자 마크 저커버그(Mark Zuckerberg), 미국 영화 감독 스티븐 스필버그(Steven Spielberg)에게는 한 가지 공통점이 있다. 바로 '유대인'이라는 것이다. 알다시피, 유대인은 전 세계 인구의 0.2%, 미국 인구의 2%에 불과하지만, 노벨상 수상자의 22%가 넘고, 미국 아이비리그 졸업생의 30%를 차지할 만큼 세계적으로 뛰어난 인재가 많다. 그 해답은 유대인의 남다른 교육법에 있다.

유대인 부모들은 아이가 어릴 때부터 성적보다는 올바른 가치관을 심어주려고 노력한다. 예컨대, 유대인 부모들은 아이에게 수학 공식이나 영어단어보다는 실패했을 때는 어떻게 할 것인가?, 다른 사람을 위해서 무엇을 할 것인가?, 정의란 무엇인가? 등과 같은 질문을 끊임없이 하면서 아이 스스로 문제를 해결하도록 할 뿐만 아니라 좋은 인성을 심어주기 위해서 노력한다. 그러니 그런 교육을 받고 자란 아이들이 세계 최고 인재가 되는 것은 너무도 당연한 일이다.

가치관에는 두 종류가 있다. 개인적 가치관과 사회적 가치관이 바로 그것이다. 개인적 가치관이 자아를 바라보고 규율하는 잣대라면, 사회적 가치관은 사회 구성원으로서의 행동을 규율하는 것으로 개인적 가치관보다 범위가 훨씬 넓고 추상적이다. 개인적 가치관에 큰 영향을 주기도 한다.

너는 개인의 자유를 최대한 보장하는 것이 정의라고 생각하니, 아니면 전체의 행복을 극대화하는 것이 정의라고 생각하니? 주목할 점은 전체의 행복을 극대화하다 보면 개인의 자유가 침해될 수 있고, 개인의 자유를 지나치게 존중하다 보면 공동체 정신을 훼손할 수 있다는 점이다.

이에 대해 역시나 유대인으로서 어린 시절부터 전인 교육을 받고 자란 하버드대 마이클 샌델(Michael Sandel) 교수는 《정의란 무엇인가》에서 이렇게 말한 바 있다.

"정의로운 사회가 되려면 가장 가난하고 힘없는 사람들도 최소한의 의식주 문제를 해결하고, 수많은 위험으로부터 보호받을 수 있어야 한다."

이 말은 개인의 행복도 중요하지만, 전체의 행복이 보장되고 실현될 때 비로소 정의로운 사회가 된다는 뜻이다. 그런 점에서 볼 때 19세기 중반 영국의 철학자 제러미 벤담(Jeremy Bentham)이 주장한 '공리주의'와도 그 맥이 닿아있지만, 샌델 교수는 이를 철저히 거부한다. 공리주의란 가치 판단의 기준을 효용과 행복 증진에 두고 '최대 다수의 최대 행복'의 실현을 목적으로 하기에 집단을 위해 개인을 희생하게 하는 문제점이 있기 때문이다. 이에 그는 다음과 같은 질문을 우리에게 던진다.

"작은 구명보트에 탄 선원 4명이 바다 한가운데서 폭풍을 만났다. 먹을 음식이 모두 떨어지고, 급기야 1명이 병이 나서 곧 죽을 위기에 처해 있을 때 4명이 함께 죽음을 맞는 것과 1명의 희생으로 3명이 구조될 수 있는 경우에 어느 것이 정의에 합당한가?"

샌델 교수는 아리스토텔레스의 정의관, 즉 '공동선'에 주목했다. 공동선이란 누구도 희생하지 않고, 모두에게 공평한 기회를 제공하는 것을 말한다. 그것이야말로 우리가 생각하는 정의에 가깝기 때문이다. 하지만 부정부패가 넘치고, 부조리한 사회에는 정의가 존재할 수 없다. 정의에 대한 바람과 요구는 간절하지만, 사회가 그것을 가로막기 때문이다. 그러다 보니 부조리하고 부패한 사회일수록 정의에 대한 사람들의 바람은 한층 커진다.

살다 보면 급하게 결정해야 하는 상황에 자주 부딪히곤 한다. 그런 상황에서 제대로 된 판단을 하려면 올바른 가치관을 지녀야 한다. 그릇된 가치관은 잘못된 행동과 결과를 초래하기 때문이다. 실제로 우리 주위를 살펴보면 잘못된 믿음과 신념이 만드는 비극이 적지 않다. 문제는 그것이 개인의 비극으로 끝나는 것을 넘어서 사회적으로 큰 문제와 혼란을 일으킬 수도 있다는 점이다. 그만큼 가치관은 매우 중요하다. 그러니 올바른 가치관을 지니기 위해서 항상 노력해야 한다.

누구도 다른 사람의 가치관을 옳다 그르다 할 자격은 없다. 무시해서도 안 된다. 이 세상에 완벽한 인간이란 존재하지 않듯, 완벽한 가치관 역시 없기 때문이다. 내 가치관이 소중한 만큼 다른 사람의 가치관 역시 인정하고 존중해야 한다. 사람은 '틀린 것'이 아니라 '다른 것'이기 때문이다.

나와는 생각과 믿음, 신념이 다른 사람을 만나면, '나와는 가는 길이 다르다'라고 생각하면 한결 마음이 편해진다. 그래도 마음이 불편하면 못 본 척하고, 못 들은 척하는 것이 좋다. 외면하라는 것이 아니라 피하라는 것이다. 내가 불편한 상황은 굳이 만들 필요 없기 때문이다. 그래 봐야 나만 아프고 괴로울 뿐이다.

고등학교 때까지는 제도권 아래서 대부분 공정하고 평등한 삶을 산다. 본인이 노력한 만큼 결과를 얻을 수 있고, 가진 사람과 없는 사람의 격차 역시 그리 크지 않아서 서로 격의 없고, 불만 없이 지낼 수 있다. 하지만 졸업 후 학교 밖을 벗어나는 순간, 전혀 새로운 세상과 만난다. 우리 사회의 기본적인 룰이 적용되는 마지노선이 고등학교인 셈이다.

사회는 약육강식의 정글의 원리가 작용하는 곳이다. 더는 공정하지도 않고, 더는 평등하지도 않다. 그러니 애당초 그런 바람은 갖지 않는 것이 마음 편할 수도 있다.

세상은 온갖 끈으로 가득하다. 혈연, 지연, 학연 등등. 그러다 보니 나보다 능력이 훨씬 부족한 사람이 높은 자리에 있는 때도 있고, 나보다 한참 뒤처지던 사람이 갑자기 앞서는 일도 적지 않게 일어난다. 또한, 보고도 믿을 수 없는 불의하고 부조리한 모습과 마주해야 할 때도 있다. 그럴 때마다 나는 '무조건 참아야 한다'라고, '그렇지 않으면 살 수 없다'라고 배웠다. 네게 그 말을 그대로 물려줘야 하는 내 마음은 지금 매우 복잡하다. 한편으로는 네게 든든한 끈 하나 마련해주지 못한 것을 무척 후회한다. 네가 헤쳐나가야 할 정글이 갈수록 깊어지고 무서워지는 것 같아서 걱정

되기도 한다.

정글에서 살아남는 법은 크게 두 가지다. 스스로 강자가 되거나, 거기에 익숙해지면 된다.

강자가 되는 법은 자명하다. 끊임없이 자신을 계발하고 부족한 점을 보충하면 된다. 그에 반해, 정글에 익숙해지려면 정글의 어두운 면보다는 밝은 면을 봐야 한다. 부정과 비리, 부패, 불의에 눈감은 채 살라는 말이 아니다. 나처럼 무조건 참으면서 살아서는 안 된다. 그것 역시 세상에 굴복하기는 마찬가지이기 때문이다. 도저히 참을 수 없는 일에는 과감하게 맞서야 한다. 그래야 너라는 존재의 가치를 증명할 수 있다. 단, 그렇게 되면 먼 길을 돌아갈 수도 있다. 그것을 두려워해서는 안 된다.

먼 길을 돌아가더라도 절대 멈추지는 마라. 희망은 우리를 원하는 곳으로 이끌지만, 포기는 우리를 그 자리에서 멈추게 한다.

나는 쉰이 다 된 지금에야 값진 교훈 하나를 알게 되었다. 평범하게 사는 것이 세상에서 가장 힘든 일이라는 것이다. 한때는 강자가 되지 못한 나를 원망하기도 했지만, 이제는 어떻게 하면 평범하게 살 수 있을지를 매일 밤 고민한다.

강자가 되지 못해도 괜찮다. 성공하지 않아도 아무 일도 일어나지 않는다. 네 꿈, 네 미래만을 생각하고, 부디 용기 잃지 말고 크게 웃으면서 살기를 바랄 뿐이다.

▶▶▶ 불의하고 부조리한 일을 보면 분노하고 저항할 줄도 알아야 한

다. 그것이 우리가 학문을 배우는 이유다. 힘이 없다고 해서, 다치는 것이 걱정되어서 그런 일에 무관심하고 눈감으면 개인의 자유는 억압당하고, 사회는 퇴보한다. 또한, 이왕이면 네 능력을 다른 사람들을 위해서 쓰기를 바란다. 돈보다는 생명을 더 중요하게 생각하고, 너보다 약한 사람들 편에 서서 불의와 부조리에 눈감지 않고, 언제나 정의를 외치고 실행하는 사람이 되었으면 한다.

나를 사랑하는 사람들에게
내가 행복한 것보다 더 좋은 일은 없다

젊은 네게는 성공이 최고의 바람일 것이다. 하지만 이제 내려갈 일만 남은 내게는 성공보다는 걱정 없이 사는 것이 최고의 바람이다. 즉, 눈앞의 성공보다는 마음이 안정되고 행복하기를 바란다.

많은 사람이 성공하기 위해서 끊임없이 노력하고, 다른 사람보다 한 발이라도 더 앞서가기 위해서 죽기 살기로 애쓴다. 성공하면 당연히 행복해질 것으로 생각하기 때문이다. 젊은 날의 나 역시 그런 사람 중 한 명이었다. 하지만 모든 성공이 반드시 행복을 동반하는 것은 아니다. 어떤 성공은 우리를 더욱더 힘들게 하기도 한다. 성공이라는 늪에 빠져서 다른 것은 전혀 볼 수 없게 하기 때문이다.

성공한 CEO들의 성공과 행복의 상관관계를 조사한 적 있다. 그 결과,

"성공해서 행복하다"라고 한 사람은 37%밖에 되지 않았다. 나머지 63%는 "행복해서 성공했다"라고 했다. 이는 성공한다고 해서 반드시 행복한 것은 아니며, 오히려 하루하루를 행복하게 산 사람일수록 더 성공할 가능성이 크다는 사실을 말하고 있다. 즉, 성공이 행복을 가져오는 것이 아니라 행복이 성공을 낳는 것이다.

무엇이 성공이고, 무엇이 실패인지 명확하게 말할 수 있는 사람은 없다. 그것은 어느 시대나 마찬가지다. 단지 세상이 만든 기준에 따라서 성공과 실패를 나눌 뿐이다. 그 방법이 옳은지 그른지는 굳이 따지고 싶지 않다. 대부분 사람이 그 기준을 받아들이고 있고, 나 역시 거기에 맞춰 살아왔기 때문이다.

어느 시대나 성공과 실패를 가르는 기준은 '돈'과 '권력'이다. 돈과 권력이 있으면 성공한 사람이고, 돈과 권력이 없으면 실패자라고 평가한다. 그런 점에서 보면 나 역시 성공한 삶을 살았다고 하기는 어렵다. 그렇다고 해서 그것이 불만족스럽지는 않다. 물론 한때는 성공하지 못한 나를 원망하기도 하고, 성공한 이들을 부러워하기도 했지만, 그것은 나 자신을 더욱더 비참하게 할 뿐이었다. 나 자신을 원망한다고 해서, 성공한 이들을 부러워한다고 해서 달라지는 것은 아무것도 없기 때문이다.

많은 사람이 돈과 권력에 대해서 가진 잘못된 믿음이 하나 있다. 돈이 많으면 많을수록 더 행복하리라는 것, 권력이 있으면 더 행복하리라는 것이다. 사실 이 믿음은 어느 정도 사실에 가깝다. 입에 풀칠하기도 힘든 사람이나 권력이 없는 사람보다는 돈 걱정하지 않고 사는 부자나 권력을 지닌 사람이 훨씬 행복할 가능성이 크기 때문이다. 하지만 돈과 권력이 일정 수준을 넘으면 더는 행복에 도움이 되지 않는다는 것이 지금까지 알려진 정설이다. 기본적인 욕구를 충족시키는 정도 이상의 돈과 권력은 행복과 전혀 상관없는 셈이다.

사실 나 역시 살면서 적지 않은 성공을 경험했다. 생각건대, 그 기쁨은 무엇과도 바꿀 수 없었다. 하지만 그것은 단순히 성공한 데서 느낀 기쁨이라기보다는 내가 열심히 노력한 것에 대한 성취가 가져온 행복이었다. 즉, 나를 기쁘게 한 것은 성공보다는 행복이었다.

성공의 기쁨은 잠시일 뿐이다. 세계 최초로 히말라야 8,000m 이상 봉우리 16좌 등정에 성공한 산악인 엄홍길 씨 역시 그런 기분을 자주 느꼈다고 한다.

"정상에 서면 기쁨은 잠시고, 곧 허탈감에 빠진다."

죽을힘을 다해서 극한의 공간을 오르내렸기에 성공의 기쁨 역시 당연히 크고 오래가야 하는 데도 그가 곧 허탈감을 느낀 것은 더는 노력하고 열정을 바칠 대상이 없어졌기 때문이다. 이렇듯 사람은 더는 이룰 목표가 사라지면 행복 대신 허탈감에 빠지곤 한다. 심리학에서는 이를 '상승정지 증후군(Meta—pause Syndrome)'이라고 한다.

인생은 길고 멀리 봐야 한다. 그러자면 선택의 순간마다 무엇이 내게 도움이 되는지 현명하게 판단할 줄 알아야 한다.

행복하려면 돈이나 권력보다는 꿈과 관련된 일에 전념해야 한다. 특히 젊을수록 더욱더 그래야만 한다. 예컨대, 역사 연구가나 역사학과 교수가 꿈이라면 박물관이나 역사 연구소, 고전 연구소 등에서 아르바이트를 해보는 것이 좋다. 역사 관련 지식을 쌓을 수 있을 뿐만 아니라 그와 관련된 사람을 많이 만나서 다양한 이야기를 들을 수 있기 때문이다. 그렇게 되면 꿈에 대한 몰입력 역시 더욱더 키울 수 있고, 자신감 역시 한층 커지게 된다. 하지만 많은 사람이 꿈이 이끄는 삶이 아닌 돈과 권력을 좇는 삶을 산다. 그러다 보니 꿈과 전혀 상관없는 전공을 선택하거나, 아무런 도움이 되지 않는 경험을 하면서 시간과 힘을 낭비한다. 돈이 꿈을 좌우하는 시대이기에 어쩔 수 없는 선택이기는 하지만, 그래도 가슴 속에 품은 꿈만은 절대 포기해서는 안 된다. 꿈을 포기하면 행복 역시 멀어진다. 또한, 그렇게 되면 수많은 방황과 혼란을 겪을 수밖에 없다.

어디까지 방황하며 멀리 갈 셈인가?
보아라, 좋은 것은 여기 가까이 있다.
행복을 찾는 법을 배워라
행복은 늘 우리 곁에 있다.
___ **괴테, 〈경고〉**

▷▶▶ 나는 나이 들수록 젊은 날 원대하게 세웠던 계획들이 분별력 없었거나 허영심으로 가득한 것이었음을 깨닫고는 부끄럼을 느끼고는 한

다. 중요한 것은 그럴수록 오히려 마음이 편안해진다는 것이다. 네게 지금의 나와 같은 마음을 바라는 것은 아니다. 너 역시 내가 걸어온 길을 걸어가야 하기에 삶의 이정표 삼으라는 뜻에서 하는 말일 뿐이다. 삶의 길을 걷다 보면 너 역시 언젠가는 그것을 깨닫는 때가 올 것이다.

멀리서 행복을 찾으려고 하지 마라. 또한, 크고, 대단한 것에서만 행복을 찾으려고도 하지 마라. 행복은 멀리 있지 않다. 크고 대단한 것에만 있는 것도 아니다. 행복은 습관이라는 말이 있듯, 행복하기 위해 애쓰지 말고 행복하면서 살아야 한다. 무엇보다도 나를 사랑하는 사람들에게 내가 행복한 것보다 더 좋은 일은 없다.

어디로 가야 할지 알 수 없을 때
비로소 진정한 여행이 시작된다

흔히 죽은 사람을 말할 때 '돌아간 사람'이라고 한다. 죽은 사람이 돌아 간 사람이라면 살아 있는 사람은 어떤 사람일까.

산 사람은 '길 가는 사람' 혹은 '헤매는 사람'이라고 할 수 있다. 길 가는 사람이 돌아가지 못하는 이유는 길을 잃고 방황하기 때문이다. 그런데 한 사람만 길을 잃고 방황한다면 모든 사람이 비난할 텐데, 대부분 사람이 길을 잃고 방황하고 있으니 누구도 비난받지 않는다. 그만큼 누구에게나 삶은 방황의 연속이다. 특히 경험이 부족한 젊은 시절에는 누구나 몇 번쯤 잘못된 길을 가기도 하며, 먼 길을 에둘러 돌아가기도 한다. 젊음의 방황과 실수, 실패는 삶의 필수과정인 셈이다. 그러니 누구도 그것을 비난할 수 없다. 나를 비롯한 수많은 사람이 그 길을 걸어왔고, 앞으로도 수많은 아이가 그 길을 걸어가야 하기 때문이다.

현존하는 세계 최고의 창의적 조직은 과연 어디일까? 많은 사람이 애니메이션 스튜디오 〈픽사〉를 최고의 창의적 조직으로 꼽는 것을 주저하지 않는다. 아닌 게 아니라 많은 사람이 〈픽사〉가 내놓은 만화영화를 보면서 그 기발함에 혀를 내두르고는 한다. 그 때문에 사람들은 〈픽사〉에는 창의성이 뛰어난 직원이 매우 많을 것으로 생각한다. 하지만 이는 착각일 뿐이다. 〈픽사〉의 창업자이자, CEO를 지낸 에드윈 캣멀(Edwin Catmull)은 그와 관련해서 이렇게 말한 바 있다.

"많은 사람이 우리에 대해서 오해하는 것이 있다. 그것은 바로 번뜩이는 아이디어가 끊임없이 나와서 모든 일이 매우 순조롭게 진행되는 줄 안다는 것이다. 하지만 그것은 착각일 뿐이다. 최초의 아이디어는 정말 말도 안 될 정도로 형편없는 것이 대부분이기 때문이다."

그런데도 〈픽사〉가 창의성의 아이콘이 될 수 있었던 이유는 특별한 조직문화 때문이다.

〈픽사〉는 직원들에게 "모든 수단과 방법을 동원해서라도 가능한 한 빨리 실패하라"라고 항상 강조한다. 그 때문에 〈픽사〉의 직원 누구도 실수와 실패를 두려워하지 않는다. 어떻게 하면 일을 더 잘하고, 문제를 해결할 수 있는지에만 집중한다. 아이들은 물론 어른들에게도 진한 감동과 여운을 남기는 〈픽사〉의 반짝이는 상상력과 창의성은 그렇게 해서 만들어진 것이다.

위대한 발명가들이 이룬 성과 역시 마찬가지다. 그들이 이룬 성과는 절대 우연히 얻어진 것이 아니다. 수백, 수천 번의 실패에도 끝까지 좌절하지 않는 용기가 있었기에 가능했다. 실례로, 에디슨은 천 번의 도전 끝에 전구를 발명하는 데 성공했다. 한 기자가 그에게 이렇게 물었다.

"999번의 실패를 어떻게 이겨냈습니까?"

그러자 에디슨은 아무렇지도 않게 이렇게 말했다.

"나는 999번 실패한 것이 아니라, 전구가 켜지지 않는 999가지 이유를 알게 된 것일 뿐입니다."

만일 그런 에디슨이 없었다면 우리는 밤의 어둠에서 일찍 벗어나지 못했을 뿐만 아니라 듣고 싶은 음악 역시 마음대로 듣지 못했을 것이다.

이렇듯 문명을 위한 새로운 길을 밝힌 사람들은 언제나 관습의 파괴자였다. 자기 생각을 굳게 믿은 사람, 군중의 지지를 받지는 못했지만, 혼자서 생각하고 실천했던 사람, 외톨이가 되는 것을 전혀 두려워하지 않은 사람, 대담하고 창의적이며 지략이 뛰어난 사람, 다른 사람이 엄두도 내지 못한 일을 과감하게 실천한 사람, 그리고 역사에 위대한 발자국을 남긴 사람은 어느 시대에나 있다. 중요한 것은 그들 역시 한때는 실패자였다는 점이다. 수많은 사람이 그들을 가리켜서 실패자라고 했고, 손가락질했다. 하지만 그들은 그런 것쯤은 전혀 신경 쓰지 않았다. 오로지 자신의 삶에만 집중했을 뿐이다.

실수와 실패를 두려워해서는 안 된다. 누구나 살면서 수없이 실수하고, 수많은 실패를 경험한다. 물론 단 한 번도 실수하지 않고, 실패 경험 역시 없는 사람도 있기는 하다. 하지만 그들에게는 성공이 매우 당연한 일일 테니, 성공 비결 역시 그리 대단하지 않다. 그런 사람에게 배워야 할 점이 과연 있을까.

누구나 실패보다는 성공하기를 원한다. 하지만 성공한 사람은 소수일 뿐, 대부분 실패하는 것이 냉혹한 현실이다. 중요한 것은 실패 없는 성공은 있을 수 없다는 것이다.

살다 보면 누구나 한 번쯤은 실패를 경험한다. 그 경우 실패를 끝이 아닌 또 다른 시작이라고 생각해야만 한 걸음 더 앞으로 나아갈 수 있다. 에디슨의 말마따나, 실패는 하나의 교훈이기 때문이다.

'야구의 신' 김성근 감독이 맡았던 최초 독립야구단 〈고양 원더스〉 선수들의 인생 역정을 담은 〈파울볼〉이라는 다큐멘터리 영화가 있다. 프로야구팀에서 쫓겨났거나 그런 기회조차 얻지 못한 오합지졸들의 실패와 눈물을 담은 감동적인 이야기다. 영화 시사회가 있던 날, 김성근 감독은 이렇게 말했다.

"야구나, 인생이나, 영화나 그 속에는 진실이 담겨 있다고 생각한다. 그것이 세상을 살아가는 기본이 아닌가 싶다. 실패하더라도 다시 시작할 기회가 얼마든지 있다. 비록 인생은 시행착오의 연속이지만, 자신이 어떻게 하느냐에 따라 결과가 바뀔 수도 있기 때문이다."

너도 알다시피, 이 세상은 절대 따뜻한 햇볕과 무지개로만 채워져 있지는 않다. 온갖 추악한 일과 더러운 세상만사가 공존하는 것이 바로 우리 삶이다. 그렇다고 해서 세상을 그런 눈으로 보고 거칠게 살라는 것은 아니다. 그런 태도는 오히려 삶을 망가뜨릴 뿐이다. 그보다는 치열하게 살아야 한다. 즉, 후회가 남지 않도록 매 순간 최선을 다해야 한다. 또한, 때로는 삶을 여유롭게 즐길 줄도 알아야 한다. 너무 빨리 달리다 보면 경치만 놓치는 것이 아니라 어디로 가는지, 왜 가는지도 모를 수 있기 때문이다. '무엇을 하느냐'보다는 '어떻게 사느냐'에 열중하며, 매 순간 자신을 뜨겁게 불태워야만 한다. 그래야만 네가 원하는 곳을 향해 나아갈 수 있다.

한물간 권투 선수의 삶을 담은 영화 〈록키 발보아〉를 보면 주인공 록키가 링에 다시 서겠다고 하자, 성인이 된 아들이 고집스럽게 그를 말리는 장면이 나온다. 록키는 그런 아들을 향해 진지한 표정을 지으며 이렇게 말한다.

"너와 나, 그리고 모든 사람에게 인생은 난타전이야. 중요한 것은 네가 얼마나 강한 펀치를 날리느냐가 아니야. 네가 끊임없이 맞아 가면서도 조금씩 전진하며 뭔가를 하나씩 배우는 게 중요해. 계속 전진하면서 말이야. 그게 바로 진정한 승리야. 물론 옳지 않은 태도로도 세상을 살 수도 있어. 하지만 네가 정말 치열하게 살 생각이 있다면 타인의 시선에 연연하지 않아야 해. 그래야만 네가 되고 싶은 사람이 될 수 있으니까."

지금 생각해도 정말 멋진 말임이 틀림없다. 언젠가는 이 말을 네게 꼭 해주고 싶었는데, 이제야 들려줄 수 있게 되었다. 부디, 이 말을 삶의 중요한 교훈 삼아 네 삶을 채워나가기를 바란다. 다른 사람의 시선 따위는 신경 쓰지 마라. 네가 그들을 잘 모르듯, 그들 역시 너에 대해서 모르기는 마찬가지다. 그러니 다른 사람의 시선에 너를 맞추려고 하지 말고, 네가 하고 싶은 일에만 오로지 집중해라.

▶▶▶ 지금 방황하고 있다고 해서, 실수했다고 해서, 실패했다고 해서 절대 흔들리거나 고민하지 마라. 오히려 그럴수록 더욱더 희망의 씨앗을 품고 키워야만 한다. 어디로 가야 할지 알 수 없을 때 비로소 진정한 여행이 시작된다.

때때로 외롭고, 겁이 나고, 두렵겠지만, 용기를 내서 보란 듯이 홀로 서봐라. 실수해도 좋고, 몇 번쯤 실패해도 괜찮다. 록키의 말마따나, 중요한 것은 그것을 이겨내고 뭔가를 배우면서 조금씩 전진하는 것이니까. 첫걸음의 보폭이 반드시 클 필요는 없다. 조금씩 조금씩 네가 가고자 하는 길을 향해 뚜벅뚜벅 걸어가면 된다. 그러다 보면 언젠가는 네가 원하는 삶과 결국 만나게 될 것이다.

미래를 위해
지금, 이 순간을 희생하지 마라

많은 사람이 오늘에 충실하지 못한 이유는 과연 뭘까. 지나간 일에 대한 후회와 미래에 대한 막연한 두려움이 그 원인은 아닐까. 하지만 우리가 간과하는 것이 있다. 지금, 이 순간에 충실하지 않으면 그 누구도 자신이 원하는 삶을 살 수 없다는 것이다. 미래는 지금, 이 순간을 어떻게 사느냐에 달려 있기 때문이다.

사실 지금, 이 순간이 중요하다는 사실을 모르는 사람은 거의 없다. 하지만 그것을 실천하지 못하기에 대부분 후회하면서 산다. 과거에 대한 후회와 아직 오지 않은 미래에 대한 지나친 걱정과 염려 때문에 가장 중요한 순간을 놓치며 사는 것이다. 더 큰 문제는 지금을 제대로 살지 않으면 미래를 놓치는 것은 물론 후회하는 과거 역시 고칠 수 없다는 것이다. 그만큼 지금, 이 순간은 미래와 과거를 결정하는 매우 중요한 시간이다.

현대 그리스 문학을 대표하는 니코스 카잔차키스(Nikos Kazantzakis)의 소설 《그리스인 조르바》를 보면 다음과 같은 이야기가 나온다.

"새길을 닦으려면 새 계획을 세워야지요. 나는 어제 일어난 일은 절대 생각하지 않습니다. 내일 일어난 일을 궁금해하지도 않습니다. 내게 중요한 것은 지금, 이 순간 일어나는 일입니다. 나는 나 자신에게 이렇게 묻습니다. "조르바, 지금 뭐 하고 있나?" "일하고 있네." "그래? 잘해보게." "조르바, 지금 뭐 하고 있나?" "사랑하는 여자와 키스하고 있네." "그래, 잘해보게. 그리고 키스하는 동안에는 다른 일은 모두 잊어버리게. 이 세상에는 아무도 없네. 자네와 그 여자밖에. 그러니 마음껏 키스를 즐기게."

카잔차키스가 탄광 사업을 하면서 만난 뜨내기 노동자 요르고스 조르바(Georgios Zorbas)를 모티브로 한 이 작품은 그의 실제 경험을 엮은 것으로 잘 알려져 있다.

카잔차키스는 1915년 조르바를 처음 만났다. 평생 글만 쓰고 살았기에 경험이 부족했던 그는 경험 많은 노인 조르바에게 진짜 인생을 배웠고, 조르바가 세상을 떠나자 4년 후 소설 《그리스인 조르바》를 출간했다. 풋내기 젊은 작가가 조르바를 만나 크레타섬으로 함께 건너가서 광산업을 하면서 벌어지는 이야기다. 조르바는 춤도 잘 추고, 여자를 유혹하는 데도 뛰어났을 뿐만 아니라 항아리를 빚는 데 걸리적거린다며 집게손가락을 잘라버린 괴짜이기도 했다. 그런 그가 유일하게 신경 쓰는 것이 있다면 바로 '지금, 이 순간'이었다. 그는 오직 '지금, 이 순간'만 즐기고 생각하면서 과거와 미래는 절대 신경 쓰지 않았다.

'일기일회(一期一會)'라는 말이 있다. '지금, 이 순간은 생애 단 한 번'이라는 뜻으로 '순간순간 최선을 다해야 한다'라는 뜻이다. 이에 2010년 입적하신 법정 스님은 "누가 나를 만들어 주는 것이 아니라 나 자신이 나를 만들어간다. 진정한 행복은 먼 훗날에 이루어야 할 목표가 아니라, 지금, 이 순간에 존재하는 것이다"라며, "모든 하루를 자기 생애 마지막 날처럼 살아야 한다"라고 강조했다. 그러면서 이렇게 말씀하셨다.

"한 번 지나간 것은 다시 돌아오지 않는다. 그때그때 감사하게 누릴 수 있어야 한다. 모든 것이 일기일회이다. 모든 순간은 생애 단 한 번의 시간이며, 모든 만남은 생애 단 한 번의 인연이다. 삶은 과거나 미래에 있지 않다. 지금, 이 순간이다. 바로 지금, 이 순간을 살 줄 알아야 한다. 순간순간 그날그날 내가 어떤 마음으로 어떤 업을 익히면서 사는가에 따라 삶은 달라진다."

오늘 우리는 어제의 우리 생각이 데려다 놓은 자리에 존재한다. 마찬가지로 내일 우리는 오늘의 우리 생각이 데려다 놓을 자리에 머물 것이다. 보이지 않는 내일보다, 지나간 어제보다 지금 우리 앞에 있는 것들과 맞서 싸워야 하는 이유다.

마음이 정리되지 않으면 무엇에도 쉽게 집중할 수 없다. 뭘 봐도 보이지 않고, 뭘 들어도 전혀 들리지 않기 때문이다. 그러니 신경 쓰이는 일이 있다면 더는 미루지 말고, 즉시 해야 한다. 그렇지 않으면 두고두고 그 일이 신경 쓰여서 다른 일을 방해하는 것은 물론 삶 역시 앞으로 나갈 수 없다.

《월든》을 쓴 헨리 데이비드 소로(Henry David Thoreau) 역시 《구도자에게 보낸 편지》에서 그와 비슷한 말을 했다.

"하고 싶은 일이 있다면 주저하지 말고 즉시 하십시오. 마음을 불편하게 하는 의혹은 계속 품고 있어 봐야 아무런 도움도 되지 않습니다. 누구도 해줄 수 없는 일을 자기 자신에게 해주십시오. 그 밖의 다른 일은 모두 잊어야 합니다."

알다시피, 그는 1845년부터 2년여 동안 월든 호숫가에 통나무집을 짓고 살았다. 하버드대를 나온 엘리트였지만, 숲속의 삶을 택한 후 모든 것을 내려놓고 온종일 빈둥거리며, 숲속을 지나는 사람들과 잡담을 나누면서 시간을 보냈다. 자신의 마음이 그것을 원했기 때문이다.

더는 쓸데없는 일에 신경 쓰며, 굳이 하지 않아도 될 일을 해가며 인생을 낭비해서는 안 된다. 오늘은 어제 죽은 사람이 그렇게 살고 싶었던 내일이기 때문이다. 그런 점에서 볼 때 죽음을 앞둔 사람들이 인생의 마지막 단계에서 깨달은 '오늘이 인생의 마지막 날인 것처럼 살라' 지혜는 우리에게 큰 깨달음을 준다.

▶▶▶ 많은 사람이 행복은 미래에 있다고 착각하면서 산다. 그 결과, 미래를 위해 현재를 희생한다. 과연, 그 삶이 행복하고, 미래의 행복 역시 보장해줄까. 절대 그렇지 않다. 그렇게 살다 보면 단 한 순간도 진정한 행복을 느끼지 못할 것이 틀림없기 때문이다. 행복은 미래에 있는 것이 아니라 지금, 이 순간에 있다. 지금, 이 순간 행복하지 않으면 미래 역시 절대 행복할 수 없기 때문이다. 그러니 알 수 없는 미래를 위해서 현재를 희생하는 어리석은 일을 해서는 절대 안 된다. 우리가 살 수 있는 것은 오직 현재뿐이다. 지금, 이 순간을 즐겨라.

스무 살이 되는 아들에게

사랑받는 사람보다
사랑하는 사람이 되어라

사랑이란 무엇일까. 사각 관계에 빠진 네 명의 남녀를 중심으로 숲 속의 요정 오베론과 여왕 티타니아, 그리고 장난꾸러기 요정 퍽의 실수로 일어나는 하룻밤 꿈같은 이야기를 그린 셰익스피어(William Shakespeare)의 희곡《한여름 밤의 꿈》은 사랑에 관해서 다음과 같이 말하고 있다.

"사랑은 눈이 아닌 마음으로 보는 거야. 날개 달린 사랑의 요정 큐피드의 눈이 먼 이유는 바로 그 때문이야."

그 말 그대로 우리는 사랑할 때 눈을 감는다. 즉, 눈이 멀어진다. 눈은 뜨고 있지만, 상대의 단점과 허점은 눈에 들어오지 않고, 오직 내가 보고 싶은 것만 본다. 그만큼 사랑은 우리의 눈을 멀게 한다. 하지만 너무도 애틋해서 평생 가는 사랑이 있는가 하면, 금방 잊히는 사랑도 있다. 그 차이는 바로 '진심'에 있다. 한 치도 거짓 없는 사랑은 그만큼 애틋하기에 쉽게 잊히지 않지만, 마음은 주지 않고 겉으로만 한 사랑은 금방 싫증이 나고 곧 잊히고 만다.

이제 너도 누군가와 사랑할 나이가 되었다. 사랑받기보다는 사랑하는 사람이 되어라. 나아가 사랑받는 데 익숙한 사람보다는 사랑을 아낌없이 주고 표현할 줄 아는 사람과 사랑해라.

사랑받는 데만 익숙한 사람은 사랑하는 법을 모른다. 누구도 진심으로 사랑해보지 않았기 때문이다. 그런 사람은 사랑받는 데만 만족할 뿐 상대를 향한 마음이 간절하지가 않다. 그러다 보니 그런 사람과 사랑하게 되면 네가 상처받을 수 있다.

내가 아는 사람 중에 30년 동안 한 사람을 그리워하며 사는 이가 있다. 결혼도 했고, 아이도 있지만, 여전히 그 사람을 마음속에 담고 산다. 함께 사는 사람에 대한 죄책감에 수없이 잊으려고도 했고, 아이에 대한 미안함에 생각하지 않으려고도 해봤지만, 나이 들수록 30년 전의 그 사람이 더욱더 그리워진다고 했다.

그건 나 역시 마찬가지다. 내일 당장 세상이 어떻게 되어도 아무 미련 없는 내게는 젊은 날 해결하지 못한 일 하나가 두고두고 마음을 괴롭힌다. 가을이면 그 증상은 더욱더 깊어진다. 얼굴만 알 뿐 이름도 모르는 사람에 대한 지독한 그리움이 가을이면 단풍처럼 붉게 물들기 때문이다. 그것은 윤동주 시인의 짝사랑과도 매우 닮았다. 윤동주 시인은 '순이'라고 직접 이름 붙인 여인을 4년 동안 짝사랑했지만, 끝내 고백하지 못하고 가슴 속에만 간직한 채 하늘의 별이 되고 말았다.

내게도 대학 시절에 좋아했던 사람이 있었다. 하지만 너도 알다시피, 나는 부끄러움이 많은 사람이다. 그래서 사랑 앞에서도 늘 망설이기 일쑤였다. 사랑을 고백할 용기가 없었다기보다는 거절당할지도 모른다는 두려움이 컸다. 그것이 지금은 못내 후회된다.

바라건대, 너는 사랑 앞에서 그런 부끄러움과 두려움은 잊어버려라. 시간이 흐르면 한순간의 부끄러움과 두려움보다는 오랜 그리움이 훨씬 더 큰 상처를 만드니까.

아름다운 추억일수록 공유되어야 더 아름답다. 사랑 역시 마찬가지다. 혼자만 기억하는 사랑과 그리움은 추억이 아닌 기억일 뿐이다. 그런 사랑만큼 슬픈 것은 없다. 미국의 국민 시인으로 불리는 월트 휘트먼(Walt Whitman)의 시 〈낯 모르는 사람에게〉는 혼자만의 사랑과 그리움이 얼마나 애절하고 슬픈지 잘 보여준다.

저기 가는 낯 모르는 사람이여! 내가 이토록 그립게
당신을 바라보고 있음을 당신은 알지 못합니다.
당신은 내가 찾고 있던 바로 그이, 혹은 내가 찾고 있던
바로 그녀가 틀림없습니다. (꿈결에서처럼 그렇게 생각됩니다.)
나는 어디선가 분명 당신과 함께 기쁨에 찬 삶을 보냈습니다.

우리가 유연하고, 정이 넘치고, 정숙하고, 성숙해서 서로를 스치고 지날 때 모든 기억이 되살아납니다.

… (중략) …

나는 당신에게 말을 해서는 안 됩니다.

홀로 앉아 있거나 혹은 잠 못 이루는 밤에 외로이 당신을 생각해야 합니다.

나는 기다려야 합니다.

다시 당신을 만나게 될 것을 나는 믿습니다.

당신을 잃어버리지 않도록 조심하겠습니다.

지금은 네가 이 말을 이해할 수 없을지도 모른다. 하지만 사랑에 빠지는 순간 이 말을 저절로 이해하게 될 것이다.

20세기 실존주의 문학의 선구자이자 천재 작가로 불리는 프란츠 카프카(Franz Kafka)는 《카프카의 대화》에서 사랑에 대해서 이렇게 말했다.

"사랑이란 무엇일까요? 그것은 매우 간단합니다. 사랑은 우리 삶을 행복하고 풍부하게 하는 모든 것입니다."

그 말 그대로 사랑은 우리를 행복하게 하고 삶을 아름답게 한다.

누구나 사랑받기를 원한다. 누구나 아름다운 사랑을 꿈꾸며, 그 사랑이 영원하기를 바란다. 하지만 우리 삶에 영원한 것은 없다. 삶의 반대편에 죽음이 있듯, 모든 것은 시작과 끝이 있다. 사랑 역시 마찬가지다. 그렇다고 해서 사랑을 포기해서는 안 된다. 누군가를 사랑하는 일이야말로 그 사람을 영원히 볼 수 있는 유일한 방법이기 때문이다. 다른 것은 나이 들어서도 얼마든지 다시 도전할 수 있지만, 그리움만은 해결할 방법이 없다. 세월이 흐른 뒤 아무리 그리워하고 소리쳐봐야 소용없다. 그 사람은 절대 모를 테니까, 다시는 그 사람을 볼 수 없을지도 모르니까 말이다.

말했다시피, 그 사랑이 완성되지 않아도 괜찮다. 진실한 사랑은 그 추억만으로도 얼마든지 행복할 수 있기 때문이다.

가수 거미의 〈친구라도 될 걸 그랬어〉라는 노래가 있다. 이별의 슬픔을 담은 그 노래에 "견디긴 너무 힘든데 자꾸만 울고 싶은데 내 옆이 아닌 자리에 너를 보고 있는 게 왜 그게 행복한 걸까"라는 노랫말이 있다. 진실한 사랑이란 바로 그런 것이다. 아무런 거짓이 없고, 내가 아닌 다른 사람과 함께 있더라도 진심으로 행복을 빌어주는 것, 그것이 바로 모든 사람이 그렇게도 갈망하는 사랑이다. 부디, 너 역시 그런 사랑을 하길 바란다.

▶▶▶ 표현하지 못한 사랑만큼 안타깝고, 후회되는 일은 없다. 그러니 좋아하는 사람이 있다면 주저하지 말고 네 마음을 고백해라. 상대가 그런 네 마음을 받아줄 수도 있고, 거절할 수도 있다. 받아준다면야 그보다 더 좋은 일은 없겠지만, 거절한다고 해도 실망할 필요는 없다. 결국, 네 마음을 전했으니, 더는 후회하지 않을 테니까 말이다. 단, 그것이 장난이거나 거짓이어서는 안 된다. 그것은 상대에 대한 큰 실례이자 너 자신에게도 매우 무책임한 일이기 때문이다. 무엇보다도 말로서 사람을 희롱하

거나 속이는 일은 절대 해서는 안 된다.

인생은 생각보다 짧다. 그 때문에 자신이 원하는 일을 하면서 사는 것이 가장 좋다. 살면서 자신을 기쁘게 하고 설레게 하는 일만큼 즐겁고 기쁜 일은 없기 때문이다. 젊은 날의 사랑 역시 그런 일 중 하나가 아닐까 싶다. 그런 점에서 볼 때 네 마음을 흔들고 사로잡는 사람과의 사랑의 추억 하나쯤 간직하는 것도 훗날 좋은 추억이 될 것이다.

어둠이 가장 짙은 순간,
희망은 깨어난다

84일 동안 단 한 마리의 물고기도 잡지 못한 늙은 어부가 있었다. 사람들은 그 노인을 '살라오(Salao, 가장 운이 없는 사람)'라고 했다. 바다 위에서 노인을 도와줄 사람은 아무도 없었다. 한동안 노인의 조수 노릇을 했던 소년은 부모의 성화에 못 이겨 오래전에 배에서 내렸고, 그때부터 노인은 오직 혼자 배를 탔다. 하지만 노인은 커피 한 잔으로 하루를 버티면서도 누구도 원망하지 않았다. 그러다가 85일째가 되는 날, 엄청나게 큰 물고기를 만나 그 힘에 끌려다니며 몇 날 며칠을 바다 한가운데서 홀로 지낸다. 물고기가 배와 자신을 끌고 다닐수록 노인은 낚싯줄을 더욱 힘차게 움켜쥔다. 생존을 위해 물고기를 잡아야만 하는 상황에서 노인은 자신이 죽을 수도 있다는 사실을 담담히 받아들인다.

어니스트 헤밍웨이(Ernest Hemingway)의 《노인과 바다》의 줄거리다.

이 소설은 헤밍웨이가 12년 동안 쓴 시를 산문으로 옮긴 것으로 한계를 극복하는 위대한 인간을 묘사한 작품으로 유명하다.

알다시피, 헤밍웨이는 20세기 미국 문학사는 물론 세계 문학사에도 큰 획을 그은 대작가다. 그는 신문사 기자 출신으로 1차 세계대전 당시 적십자사 구급차 운전사로 참전했다가 크게 다치기도 했지만, 이후 세계 곳곳을 누비며 자신의 경험을 담은《무기여 잘 있거라》,《누구를 위하여 종은 울리나》와 같은 책을 펴내면서 인기 작가가 되었다. 하지만 그의 문학세계의 결정판은 역시나《노인과 바다》다. 이 작품으로 1953년 퓰리처상은 물론 1954년에는 노벨문학상까지 받았기 때문이다.

"노인은 작은 배를 타고 걸프 멕시코 만류에서 홀로 고기를 잡았다"로 시작하는 이 명작은 인간이기에 겪을 수밖에 없는 비극과 그 사이에서 피어나는 희망에 관한 이야기를 담고 있다. 아닌 게 아니라 노인의 고기잡이 여정은 인간이 겪는 비극적인 모습을 극명하게 보여준다. 밤낮으로 고기와 사투를 벌이는 노인의 모습은 그만큼 고달프고 애처롭다. 그 모습은 매 순간 최선을 다하지만, 좌충우돌하며 사는 우리의 모습과 크게 다르지 않다.

오스트리아의 심리학자 빅터 프랭클(Viktor Emil Frankl) 박사는 악명 높은 아우슈비츠 수용소에서 살아남은 몇 안 되는 생존자 중 한 명이다. 열악한 음식과 환경, 제대로 된 의료시설이라고는 전혀 없는 상상조차 하기 싫은 곳에서 수많은 동료가 죽어 나갔지만, 그는 끝까지 살아남았다. 전쟁이 끝난 후 "어떻게 해서 그 지옥 같은 곳에서 살아남을 수 있었느냐?"라는 기자의 질문에 그는 이렇게 말했다.

"왜 살아야 하는지 아는 사람은 어떤 상황에서도 견딜 수 있다."

알다시피, 아우슈비츠 수용소는 죽음과 절망이 가득한 곳이었다. 어디에도 희망은 없었다. 하지만 프랭클 박사는 생사가 엇갈리는 그런 끔찍한 곳에서도 살아야겠다는 희망을 끝까지 포기하지 않았다.

그것은 그와 함께 아우슈비츠에서 살아남은 사람들 역시 마찬가지였다. 그들에게 배급되는 음식이라고는 하루에 수프 한 그릇과 완두콩 한 알이 전부였지만, 그들은 자신의 불행 앞에 절망하고 무릎 꿇기보다는 살아야겠다는 목표를 정한 후 거기에 온 힘을 쏟아부었다. 그것이 최악의 상황에서도 그들을 살아남게 한 힘이었다. 이에 대해 프랭클 박사는 《죽음의 수용소에서》에서 이렇게 말한 바 있다.

"한 개인이 어떤 마음 자세를 갖느냐는 오로지 그의 선택에 달려있습니다. 나는 절망을 선택할 수도 있었고, 희망을 선택할 수도 있었습니다. 하지만 나는 희망을 선택하기로 했습니다."

삶이 있는 한 희망은 언제, 어디에나 있다. 그리고 그 희망은 어둠이 가장 짙은 순간 비로소 시작된다. 희망이라고는 보이지 않는 곳에서 살아남은 프랭클 박사의 이야기가 그것을 증명하고 있다.

터키의 국민시인 나짐 히크메트(Nazim Hikmet)의 〈진정한 여행〉이라는 시가 있다. 그가 감옥에서 썼다는 그 시를 보면 한 번뿐인 삶을 어떻게 살아야 하는지 알 수 있다.

　가장 훌륭한 시는 아직 쓰이지 않았다
　가장 아름다운 노래는 아직 불리지 않았다
　최고의 날은 아직 살지 않은 날들
　가장 넓은 바다는 아직 항해하지 않았고
　가장 먼 여행은 아직 끝나지 않았다
　불멸의 춤은 아직 추어지지 않았으며
　가장 빛나는 별은 아직 발견되지 않은 별
　무엇을 해야 할지 더는 알 수 없을 때
　그때 비로소 진정한 무엇인가를 할 수 있다
　어느 길로 가야 할지 더는 알 수 없을 때
　그때가 비로소 진정한 여행의 시작이다

　지금까지 있었던 일들은 모두 예고편일 뿐, 본격적인 일은 이제 시작해야 한다는 이 시를 읽을 때면 가슴이 뛰고는 한다. 삶에 대한 희망으로 가득 차 있기 때문이다.

　어떤 순간에도 희망을 잃어서는 안 된다. 희망 없이는 한 발자국도 앞으로 나아갈 수 없다. 그렇게 되면 미래 역시 암울해지고 만다. 그것만큼 힘들고 고통스러운 삶은 없다.

　희망을 잃은 사람들이 삶을 마주하는 자세는 크게 둘로 나뉜다. 그대로 자포자기하며 그 자리에서 멈추거나 아무렇지 않게 그것을 이겨내고 다시 달리거나. 중요한 것은 누구도 그 선택에 간여할 수 없다는 것이다. 팔다리 없이 태어났지만 전 세계를 누비며 희망을 전파하는 닉 부이치치(Nick Vujicic)는 그에 대해서 이렇게 말한 바 있다.

"실패를 절대 두려워하지 마라! 실패가 두려워서 다시 시도하지 않으면 삶 역시 거기서 멈추고 만다."

닉 부이치치의 말처럼 우리가 목표를 달성하기 어려운 이유는 수많은 장애물이 가로막고 있어서가 절대 아니다. 우리 스스로가 그것을 포기하기 때문이다. 성공하느냐, 실패하느냐는 전적으로 마음먹기에 달려있다. 그것은 타고난 능력이 절대 아니다. 또한, 그것은 아무리 큰돈이 있어도 살 수가 없다. 돈으로 살 수 있는 것이 절대 아니기 때문이다. 그런 점에서 볼 때 마음은 꿈의 문을 여는 열쇠가 될 수도 있으며, 그 문을 잠그는 자물쇠가 될 수도 있다.

▶▶▶ 우리가 살면서 절대 놓치지 말아야 할 것이 있다면 그것은 바로 '희망'이다. 어떤 순간에도 희망만은 절대 놓쳐서는 안 된다. 희망이 없으면 살아야 할 이유도 없다. 따라서 희망이 없는 곳에서조차 우리는 《노인과 바다》의 노인이나 빅터 프랭클 박사처럼 희망을 외쳐야만 한다. 그래야만 살 수 있다.

삶의 위대함은 다른 사람보다 앞서 나가는 데 있지 않다. 나약한 자신을 극복하면서 한 걸음 한 걸음 전진하는 데 있다. 그런 점에서 볼 때 희망은 아무리 품어도 절대 지나치지 않다. 희망 없이는 앞을 향해 나아갈 수 없기 때문이다. 그러니 모든 것을 잃더라도 희망만은 절대 포기하지 마라. 단, 헛된 희망에 사로잡혀서 인생을 낭비해서는 안 된다. 그것이야말로 흔히 얘기하는 희망 고문에 지나지 않는다.

스무 살이 되는 아들에게

하지 않는 것보다
하고 나서 후회하는 편이 훨씬 낫다

"나무는 가을이 되어 잎이 떨어진 뒤에야 꽃피던 가지와 무성하던 잎
이 모두 헛된 것임을 알고, 사람은 죽어서 관이 덮일 때가 되어서야 자손
과 재물이 쓸데없는 것임을 안다."

수많은 중국인이 '인생의 책'으로 꼽는 《채근담》에 나오는 말로, '자신
에게 엄격해서 손해 볼 일은 절대 없다'라는 깊은 깨달음에서 비롯된 삶
의 지혜이다.

한 가지에 지나치게 빠지는 것을 경계하는 중국인이 딱 하나 예외로
두는 것이 있다. 바로 자신에게 엄격한 것이다. 그러나 우리 주위를 살펴
보면 남의 잘못을 뼈아프게 지적하는 사람이 의외로 많다. 그런 사람일
수록 자신에게 관대하다. 반면, 성공한 사람들은 하나같이 자신에게 엄
격하다. 그들은 다른 사람에게는 관대하지만, 자신의 실수와 잘못은 조

금도 용서하지 않는다. 자신이 세운 삶의 원칙과 기준에서 어긋나기 때문이다. 그만큼 자기관리에 철저하다.

우리는 항상 시간이 흐른 뒤에야 삶의 진실을 깨닫고, 지나간 일을 후회하고는 한다.

삶은 선택의 연속이다. 작게는 점심 메뉴를 고르는 일에서부터 꿈을 정하는 중요한 일까지 우리는 늘 선택의 순간과 마주한다. 문제는 그 선택이 항상 만족스럽지만은 않다는 점이다. 즉, 선택은 항상 '후회 가능성'을 동반한다.

아닌 게 아니라 우리는 살면서 끊임없이 후회한다. 후회는 대부분 고통스럽다. 행동하고 후회하건, 행동하지 않은 일에 대한 후회건 대부분의 후회는 부정적이기 때문이다. 그 때문에 가능한 한 후회하지 않고 사는 것이 가장 좋지만, 누구도 후회하지 않고는 살 수 없다. 어떻게 하면 조금이라도 더 후회하지 않는 삶을 살 수 있을까.

너보다 인생을 먼저 산 선배로서 한 마디 조언하자면, 행동으로 옮기지 못한 마음속 생각과 꿈은 언젠가는 반드시 후회하게 되어 있다. 그러니 마음속에 품은 생각과 꿈은 반드시 행동으로 옮기는 것이 좋다.

호주의 호스피스(Hospice) 간호사 브로니 웨어(Bronnie ware)가 수년간 말기 환자 병동에서 죽음을 앞둔 사람들을 돌보며 그들이 생의 마지막 순간에 보인 통찰을 기록한《죽을 때 가장 후회하는 다섯 가지》라는 책이 있다.

그녀에 의하면, 환자들은 저마다 다른 삶을 살았지만, 죽을 때 후회하는 것은 대부분 비슷했다고 한다. 그중 사람들이 가장 크게 후회하는 일은 '자신이 원하는 삶이 아닌 타인의 기대에 맞춰 산 것'이었다. 즉, '자신이 원하는 삶을 살지 못한 것'을 가장 크게 후회했다. 그다음으로 사람들이 가장 많이 후회한 일은 '일을 너무 열심히 한 것'이었다. 그들은 일하느라고 아이가 성장하는 모습을 보지 못한 것과 가까운 사람들과 더 많은 시간을 함께하지 못한 것을 후회했다. '내 감정을 솔직히 표현하지 않은 것', '옛 친구들과 연락이 끊긴 것', '변화를 두려워해서 즐겁게 살지 못한 것' 역시 사람들이 많이 후회하는 일 중 하나였다.

이런 후회에는 한 가지 공통점이 있다. 바로 생각만 했을 뿐 행동으로는 옮기지는 못했다는 것이다. 이를 '비행동 후회'라고 한다. 반면, 생각한 것을 행동으로 옮기고 나서 하는 후회는 '행동 후회'라고 한다.

미국의 저명한 사회심리학자 닐 로즈(Neal Roese)에 의하면, "모든 조건이 같은 상황일 때는 하지 않는 것보다는 하고 나서 후회하는 편이 훨씬 낫다"고 한다. 왜냐하면, 하지 않고 후회하는 것이 하고 나서 후회하는 것보다 훨씬 더 아프고 오래가기 때문이다.

아닌 게 아니라 행동 후회는 시간이 지나면 곧 잊히지만, 비행동 후회는 시간이 지날수록 우리를 괴롭힌다. 행동으로 옮기지 못한 것에 대한 죄책감 때문이다. 따라서 한번 마음먹은 일은 후회하는 일이 있더라도 즉시 행동으로 옮기는 것이 좋다. 그러니 무슨 일을 '할까, 말까?' 고민될 때는 절대 망설이지 말고, 일단 하는 것이 좋다. 우물쭈물하다가 포기하면 언젠가는 반드시 후회할 테니까.

《군주론》을 쓴 마키아벨리(Machiavelli)의 편지에도 '무엇을 한 후에 후회하는 것이 하지 않고 후회하는 것보다 훨씬 낫다'라는 말이 나온다.

"자네에게 다음과 같은 말밖에 할 것이 없네. 보카치오가 《데카메론》에서 말한 '무엇을 한 후에 후회하는 것이 하지 않고 후회하는 것보다 훨씬 낫네'라는 문장일세. 오늘 자네가 누리고 있는 일을 함으로써 얻는 기쁨은 내일이면 얻을 수 없는 것이라네. 그것을 누리고 있는 자네가 나로서는 영국 왕보다 더 부럽네."

마키아벨리가 친구에게 보낸 이 편지는 그가 어떤 삶을 살고자 했는지 명확히 보여준다. 그는 메디치 가문의 궁정에서 쫓겨나 산장에 은거하며 자신이 생각하고 느낀 바를 편지와 글로 모았는데, 이는 훗날 정치에 입문하려는 이들의 필독서가 되기도 했다.

누구나 꿈을 가지고 있다. 하지만 누구나 꿈을 이룰 수 있는 것은 아니다. 꿈은 생각만 한다고 해서 저절로 이룰 수 있는 것이 아니기 때문이다. 생각만으로 그치는 꿈은 박제와 다름없다.

꿈을 현실로 만들려면 행동해야 한다. 능력과 열정을 아낌없이 쏟아내고, 최선을 다해야만 꿈을 현실로 만들 수 있기 때문이다. 그래도 꿈을 이루는 사람보다 꿈을 이루지 못하는 사람이 훨씬 많다. 하물며 아무것도 하지 않으면서 꿈이 저절로 이루어지기를 바라는 것은 망상에 가깝다. 그런 일은 절대 이루어지지 않기 때문이다.

인생 설계도를 누군가가 대신 그려줄 수는 있다. 하지만 그것을 완성하는 것은 오직 자신의 몫이다. 자신을 제외한 모든 사람은 삶의 보조자에 지나지 않기 때문이다.

▶▶▶ 이제 어른이 된 네게 무엇을 '하지 말라'는 말은 더는 하지 않겠다. 마음이 시키는 일이라면, 하고 싶은 일이라면 무엇이 되었건 한번 해봐라. 그것이 지금의 네게 주어진 특권이다.

우리에게 정말 부족한 것은 생각이 아닌 행동이다. 누구나 항상 생각은 넘치지만, 그것을 정작 행동으로는 옮기는 사람은 많지 않기 때문이다.

말했다시피, 무슨 일이건 하지 않고 후회하는 것보다는 해보고 후회하는 편이 훨씬 낫다. 그래야만 그것이 좋은 경험이 되고, 살아 있는 지혜가 되어 네 삶을 바꿀 수 있다. 또한, 무슨 일이건 행동하는 사람은 성공할 수도, 실패할 수도 있지만, 아무것도 하지 않는 사람은 실패조차 할 수 없다. 즉, 아무것도 이룰 수 없다. 그런 삶을 살고 싶은 사람은 아마 없을 것이다.

인생을 두 번 살 수 있는 사람은 없다. 한번 지나가면 모든 것이 끝이다. 따라서 이왕이면 네가 정말 하고 싶은 일을 하면서 후회하지 않는 삶을 살아야 한다.

혼돈이 마음속에 있어야
나만의 춤추는 별을 만들 수 있다

누구나 살면서 수많은 선택의 갈림길에서 적지 않은 혼란과 혼돈을 경험하고, 수없이 방황하고 좌절한다. 너 역시 그런 일을 이미 몇 번쯤 겪어봤을 것이다. 하지만 너무 걱정하지 마라. 그런 과정을 통해서 진짜 나와 만날 수 있을 뿐만 아니라 어디로 가야 하는지 알 수 있으니까. 무엇보다도 혼돈이 마음속에 있어야 나만의 춤추는 별을 만들 수 있다. 그럴수록 더욱더 깊고 단단해지기 때문이다.

독일의 바이올린 제작 장인인 마틴 슐레스케(Martin Schleske)는 이렇게 말한 바 있다.

"풍요로운 땅에서 나는 나무보다는 척박한 곳에서 비바람을 이기고 단단하게 자란 가문비나무일수록 맑고 좋은 소리를 낸다."

그것은 사람 역시 마찬가지다. 아무 걱정 없는 직선의 삶을 산 사람보다는 산전수전 다 겪은 곡선의 삶을 산 사람의 이야기가 더 깊은 울림과 감동을 준다. 하지만 많은 사람이 곡선이 아닌 직선의 삶을 살려고 한다. 곡선의 미학을 말했다가는 우유부단하고 결단력 없는 사람 취급받기에 십상이다.

직선으로 대표되는 '빨리빨리'는 봐야 할 것을 볼 수 없게 할뿐더러 허탈함에 빠지게 한다. 또한, 직선은 날카롭기만 할 뿐 여유라고는 없다. 하지만 곡선은 다르다. 부드럽고 여유 있을 뿐만 아니라 고난과 역경, 시련을 이기는 강한 힘이 있다. 그래서 니체는 이렇게 말했는지도 모른다.

"산을 오르는 기쁨은 정상을 정복했을 때 가장 크다고 한다. 그러나 나는 험한 산을 기어오르는 순간 최고의 기쁨을 느낀다. 길이 험하면 험할수록 가슴이 뛴다. 삶에 있어서 모든 고난이 자취를 감췄을 때를 생각해 보라. 그보다 삭막한 것은 없으리라."

젊고, 경험이 부족한 네가 낯선 일을 할 때 두려움을 느끼는 것은 당연한 일이다. 나 역시 아직도 처음 하는 일은 가능한 한 꺼리며, 어쩔 수 없이 그 일을 하게 되도 적지 않은 혼란과 혼돈을 느끼고, 결국 좌절에 빠지고는 하는데, 너는 오죽하겠느냐.

혼란과 혼돈, 좌절을 느끼면 사람은 누구나 도망치고 싶어라 한다. 그것이 문제의 해결책이 아니라는 것을 잘 알지만, 일단은 거기서 벗어나야만 마음이 편안해지기 때문이다. 하지만 도망칠수록 악순환만 반복할 뿐이다. 또한, 언제까지나 도망칠 수만도 없다. 똑같은 상황이 언제라도 다시 찾아올 수 있기 때문이다. 그럴 바에야 차라리 처음부터 거기에 적극적으로 맞서는 것이 좋다. 그래야만 그것과 싸워서 이기는 법 역시 저절로 터득하게 될 테니까.

심리학에 '컴포트존(Comfort Zone)'이라는 용어가 있다. 우리 말로 '안전지대'를 뜻하는 이 말은 '온도·습도·풍속 등이 적정 수준을 유지해서 우리 몸이 가장 편안하고 안전함을 느끼는 공간'을 말한다. 무엇에도 영향받지 않는 심리적으로 가장 편안하고 안전한 영역인 셈이다. 그때문에 이곳에 머무는 한 어떤 부담도 느끼지 않을 뿐만 아니라 느긋한 기분으로 살 수 있고, 실패의 두려움 역시 전혀 느끼지 않는다. 그러다 보니 많은 사람이 그곳에 머물며 빠져나가지 않으려고 한다. 거기서 벗어난다는 것은 새로운 도전을 의미하기 때문이다.

지금의 너와 같은 처지라고 할 수 있다. 그동안은 부모의 보호 아래 아무 걱정 없이 지냈지만, 이제 부모에게서 벗어나 자신의 삶을 스스로 책임지고 돌봐야 하니 말이다.

겁이 나겠지만, 두려워할 필요는 없다. 언젠가는 겪어야 할 일이다. 네가 정말 원하는 것은 두려움 너머에 있다. 즉, 두려움이라는 벽을 뛰어넘어 새로운 도전에 성공해야만 네가 원하는 것을 얻을 수 있다.

두려움에서 벗어나는 가장 좋은 방법은 생각만 해도 불안하게 하는 일을 즉시 하는 것이다. 그러자면 컴포트존에서 즉시 빠져나와서 새로운 일에 도전해야 한다. 그래야만 원하는 것을 얻을 수 있고, 한 단계 더 성장할수 있다.

"걱정은 흔들의자와 같다"라는 말이 있다. 흔들의자는 우리를 이리저리 흔들어주기는 하지만, 어디에도 데려다주지 못한다. 삶의 에너지를 쓸데없는 고민과 걱정으로 낭비하지 마라. 쓸데없는 고민과 걱정만큼 우리를 괴롭히는 일은 없다. 고민한다고 해서, 걱정한다고 해서 나아지는 건 전혀 없을뿐더러 또 다른 고민과 걱정만 낳을 뿐이다.

고민되고 걱정되는 일일수록 직접 몸으로 부딪쳐서 돌파해야 한다. 그래야만 거기서 쉽게 벗어날 수 있다.

쓸데없는 고민과 걱정에서 빠져나오려면 한 걸음 떨어져서 냉정하게 그것을 바라볼 필요가 있다. 만일 그래도 혼란스럽다면 한동안은 아무것도 생각하지 않는 것도 좋은 방법이다. 머리와 마음에 휴식을 주는 것이다. 흔히 말하는 '멍' 때리는 시간을 갖는 것이다. 때로는 그것이 삶의 균형을 유지해 준다.

세상에는 우리의 의지나 삶과는 상관없이 일어나는 일이 적지 않다. 중요한 것은 그때마다 흔들리지 않고 균형을 잘 잡아야 한다는 것이다. 그런 점에서 볼 때 균형을 잘 잡는 사람이야말로 인생을 현명하게 살 수 있다.

균형을 잘 잡으려면 생각을 조심해야 한다. 생각이 중심을 잡아야만 삶 역시 균형을 잡을 수 있기 때문이다. 미국의 한 슈퍼마켓 체인 대표를 지낸 프랭크 아웃로(Frank Outlaw)의 말은 생각이 우리 삶에 얼마나 큰 영향을 미치는지 알려준다.

"생각을 조심하라, 그것은 말이 되기 때문이다. 말을 조심하라, 그것은 행동이 되기 때문이다. 행동을 조심하라, 그것은 습관이 되기 때문이다. 습관을 조심하라, 그것은 인격이 되기 때문이다. 인격을 조심하라, 그것은 인생이 되기 때문이다."

세상에 절대적으로 좋거나 절대적으로 나쁜 것은 없다. 우리의 생각이 그렇게 만들 뿐이다. 그러니 그때그때 일어나는 모든 일에 신경 쓸 필요는 없다. 그것은 시간 낭비일뿐더러 그래야 할 이유 역시 전혀 없기 때문이다.

▶▶▶ 우리가 살면서 정말 신경 써야 할 일은 '어떻게 살 것인가'이다. 그러니 더는 쓸데없는 고민과 걱정 때문에 방황하거나 미래마저 불안하게 하지 마라. 지나간 것을 좇지 말고, 아직 오지 않은 일을 마음에 담지도 마라. 오직, 지금 하는 일만 신경 쓰고, 한 치도 흔들림 없이 앞으로 나아가야 한다. 그래야만 어떤 일이건 두려워하지 않고, 덜 헤매면서 자신이 원하는 길에 들어설 수 있다.

스무 살이 되는 아들에게

살면서 가장 조심해야 할 두 가지, '사람'과 '입'

너도 알겠지만, 나는 고집이 매우 세다. 한 번 '아니다'라고 마음먹은 일에 대해서는 여간해서는 마음을 바꾸지 않는다. 네가 그 모습을 볼 때는 어른들이란 참 우습기도 하고, 아이들보다 더 어리석어 보일 수도 있지만, 그건 네가 사회생활을 하면서 정말 말도 안 되는 사람들과 만나게 되면 저절로 이해할 수 있을 것이다.

너 역시 이미 적잖이 경험했겠지만, 세상에는 정말 다양한 사람이 있다. 제 것을 아낌없이 내놓는 사람이 있는가 하면, 남의 것도 제 것인 것처럼 자기 마음대로 하려는 사람도 있고, 사람을 물건처럼 마구 다루는 사람도 있다. 또한, 이 사람 저 사람 눈치 봐가면서 여기 붙었다가 저기 붙었다가 하는 사람도 있고, 내가 잘 나가고 돈이 많을 때는 뭐든지 줄 것처럼 온갖 아부를 하다가도 나락으로 떨어지면 철저히 무시하고 모르는 척하는 사람도 있다. 인간관계에서 상처받지 않으려면 이런 사람들을 조심해야 한다.

제삼자 앞에서 다른 사람에 대해서 말하는 것을 삼가야 한다. 사람 중에는 자기 이익을 위해서 내 말을 왜곡해서 다른 사람에게 전하는 이가 있는가 하면, 하지 않은 말도 억지로 지어서 퍼뜨리는 이도 있기 때문이다.

다른 사람이 나를 모르는 만큼 나 역시 그들에 대해서 모르기는 마찬가지다. 그런데도 많은 사람이 자신은 다른 사람을 잘 안다는 착각에 빠져서 함부로 얘기하고는 한다. 과연, 그럴까.

절대 그렇지 않다. 누구도 자기 자신을 잘 모르는데, 어떻게 타인이 나를 더 잘 알 수 있겠느냐. 그것은 착각이자 오만에 지나지 않는다. 그래서 셰익스피어는 《소네트》에서 이렇게 말하기도 했다.

나쁘다는 평판보다는 실제로 나쁜 것이 차라리 나아
그렇지 않은 데 그렇다는 비난을 받고
우리가 느낀 것이 아니고, 남이 보고
그렇게 생각했기에 적당한 쾌락을 잃을 바엔
어째서 남의 거짓된 음탕한 눈이
내 애욕의 피에 영향을 준다는 말인가?
나보다 결점 많은 자가 왜 나의 결점에 참견이며
내가 좋다고 하는 것을 어째서 나쁘다고 생각하는가?

두어라, 나는 나, 나를 흉보고 싶은 자는
자기 자신의 흉이나 걱정해라

사람에게 상처받지 않으려면 인간관계에 있어서 집중과 선택이 필요
하다. 특히 자신에게 독이 되고, 자존감을 떨어뜨리는 사람과의 인연은
과감히 정리해야 한다. 또한, 볼 때마다 마음이 불편한 사람, 생각만 해도
피하고 싶은 사람과의 관계 역시 서둘러 정리할 필요가 있다. 그런데 많
은 사람이 쓸데없는 인정에 얽매이거나 상대방에게 손가락질당할 수도
있다는 생각에 인간관계를 말끔하게 정리하지 못하는 경우가 많다. 이
에 대해 미국 최고의 비즈니스 상담사이자 사회학자로 30년 동안 수많
은 사람의 고민을 상담해온 젠 예거(Jan Yager) 박사는 이렇게 말한다.

"친구 관계가 끝나거나 실패해서는 안 된다는 낭만적인 생각 때문에
많은 사람이 반드시 끝내야마땅한 관계를 지속하면서 불필요한 고통을
받고 있다. 당신 말에 귀 기울이지 않는 친구는 당신의 자존감을 갉아먹
는다. 그와의 관계가 오랫동안 이어질수록 더욱더 그렇다. 당신이 건전
한 자아관을 갖고 친구 관계를 긍정적으로 발전시키려면 일방적으로 친
구의 얘기를 들어주는 역할만 해서는 안 된다. 자기에게만 몰두하는 사
람에게는 배려란 없기 때문이다."

한마디로 자신이 불편한 관계는 더는 유지할 필요가 없다는 것이다.
단, 이때 주의할 점이 있다. 선을 긋거나 거리를 두는 것이 아니라 깔끔하
게 관계를 정리해야 한다는 것이다. 그래야만 더는 그 사람 때문에 고통

받지 않고 불편하지 않기 때문이다.

사람을 알려면 그 사람을 직접 겪어보는 것이 가장 좋다. 그렇지 않고서는 그 사람의 실체를 알 수 없다. 하지만 거기에도 문제는 있다. 사람은 누구나 좋은 점은 드러내고 나쁜 점은 감추려고 하기 때문이다. 그러니 사람의 참모습을 안다는 것은 매우 어려운 일이다. 아닌 게 아니라 우리 삶에서 인간관계만큼 어려운 일은 없다. 지금도 나는 그것 때문에 고민할 때가 적지 않다.

중요한 것은 살다 보면 항상 좋은 사람만 만날 수는 없다는 것이다. 어쩔 수 없이 싫은 사람을 만나야만 하는 때도 있다. 불행한 일이지만, 좋은 사람보다는 싫은 사람과 더 많이 만나야 하는 게 우리 삶이다.

내 경험상 생각의 방향이 다른 사람과는 관계를 유지하기가 매우 힘들다. 그들을 통해 내가 미처 생각하지 못한 것을 배우고, 부족한 점도 채우려고도 해봤지만, 결국은 서로의 사이에 보이지 않는 벽이 있음을 알게되었다. 그러니 서로 겉으로만 친한 척했을 뿐, 마음은 다른 곳을 보고 있었던 셈이다.

사실 너는 소심하고 소극적인 나와는 달리 대범하고 적극적이기에 인간관계 때문에 고민할 일이 나에 비해 훨씬 적을 것이다. 하지만 그래도 알 수 없는 것이 사람 마음이기에 이제 막 사회생활을 시작하는 너를 보며 걱정이 앞서는 것이 사실이다.

사회생활의 인간관계는 학창 시절의 인간관계와는 매우 다르다. 학창 시절의 인간관계가 이것저것 따지지 않는 순수한 인간관계를 지향한다면, 사회생활의 인간관계는 이해관계가 그 기준이 되기 때문이다. 그만큼 사회생활에서의 인간관계는 냉혹하고 계산적이다. 따라서 이용 가치가 없으면 즉시 단절된다. 그러니 인간관계에 평생 가는 의리란 없다고 생각하는 것이 좋다.

그런가 하면 살면서 가까운 관계일수록 지켜야 할 선을 지키지 않는 경우가 잦다. 단지 친하다는 이유만으로 거침없이 거친 말을 내뱉고, 예의에서 벗어나는 행동을 자주 하기도 한다. 그러면서도 아무런 미안함을 느끼지 않는다. 반면, 일 년에 몇 번 보지 않지만, 누구보다도 내 마음을 잘 이해하고, 힘들 때마다 따뜻하게 위로해주는 사람도 있다. 만일 네가 한 아이의 아버지라면 어떤 사람과 사귀어야 한다고 말해주겠니? 당연히 내 마음을 잘 이해하고, 힘들 때 따뜻하게 위로해주는 사람과 사귀어야 한다. 그들이야말로 진정한 친구가 될 자격이 있기 때문이다.

부디, 너는 친하다는 이유만으로 넘어야 할 선을 넘으며 함부로 말하지 않고, 예의에서 벗어나는 행동은 절대 하지 않았으면 한다. 힘들어하는 친구를 따뜻한 말로 위로할 줄 알고, 지켜야 할 것을 지킬 줄 아는 마음 따뜻하고, 예의 바른 사람이 되었으면 한다.

▶▶▶ 살면서 가장 조심해야 할 두 가지가 있다. 바로 '사람'과 '입'이다. 이 두 가지를 조심하지 못해서 많은 사람이 아파하고 힘들어한다. 나 역시 그런 경험이 적지 않다. 부디, 너는 이 두 가지에 항상 주의해서 사람에

게 상처받지 않는 삶을 살기를 바란다.

인간관계서 가장 중요한 것은 '마음의 주파수'다. 즉, 같은 곳을 보는 마음의 눈이 중요하다. 그런 사람과는 함께 있는 것만으로도 편안해진다. 어떻게 하면 그런 사람들과 관계를 맺고, 오랫동안 그 관계를 유지할 수 있을까.

인간관계를 개선하는 최고 방법은 기다리는 것이 아니라 먼저 다가가는 것이다. 예컨대, 누군가가 그립거나 보고 싶다면 주저하지 말고 먼저 전화해서 안부를 묻고, 네 마음을 전해라. "어떻게 지내냐고, 요즘 들어서 네가 많이 보고 싶다"라며 속마음을 털어놓아야 한다. 그래야만 그 사람의 마음을 얻을 수 있다.

나를 자극하고 독려하는
라이벌이 필요한 이유

마라톤이나 육상 경기는 혼자 뛰면 좋은 기록이 나오지 않는다. 누군가가 옆에서 함께 경쟁해야만 훨씬 좋고 만족할 만한 기록이 나오기 때문이다. 다른 스포츠 역시 마찬가지다. 경쟁자가 있어야만 목표에 좀 더 빨리 다가갈 수 있다.

경영학에서는 이를 '메기 효과(Catfish effect)'라고 한다. 메기 한 마리를 미꾸라지가 든 어항에 집어넣으면 미꾸라지가 메기를 피해 다니느라 움직임이 빨라지면서 생기를 잃지 않는 것을 기업경영에 비유한 말이다.

핀란드나 노르웨이 같은 북유럽에서는 예로부터 청어가 많이 잡혔다. 하지만 문제가 있었다. 사람들에게 인기가 많아서 비싸게 팔 수는 있었지만, 성질이 급해서 물 밖으로 나오면 금방 죽었기 때문이다. 항구에 도착할 때까지 살아 있는 청어는 거의 없었다. 그러다 보니 대부분 어부가 어떻게 하면 청어를 산 채로 항구까지 옮길 수 있는지에 대해서 수없이 고민했다. 다행히 한 어부가 그 비법을 알아내는 데 성공했지만, 절대 말하지 않았다. 그가 죽은 뒤에야 그 비법이 알려졌는데, 그 방법은 의외로 간단했다. 청어가 담긴 수족관에 천적인 메기를 넣으면 되었다. 얼핏, 생각하기에는 메기가 청어를 다 잡아먹을 것 같지만, 대부분 청어가 멀쩡하게 살아남았다. 청어가 살기 위해서 끊임없이 움직였기 때문이다. 이후 메기 효과는 막강한 경쟁자의 존재가 다른 경쟁자의 잠재력을 끌어올리는 효과를 일컫는 말로 사용되었다.

우리나라에서 메기 효과를 가장 자주 사용한 사람은 삼성그룹 이건희 전 회장이다. 원래는 아버지 이병철 선대 회장이 즐겨 쓰던 말이었지만, 이를 본격적으로 사용해서 대중에게 알린 사람은 이건희 전 회장이었다.

그는 "한 논에는 미꾸라지와 메기를 함께 넣고, 다른 논에는 미꾸라지만 넣어 기른 결과, 메기와 함께 기른 미꾸라지는 튼튼하고 생동감이 넘치지만, 미꾸라지만 기르면 활력이 없게 된다"라며 기업이 성장하려면 적절한 자극이 필요하다고 항상 강조했다.

영국의 역사학자로 현대사 연구에 있어서 큰 업적을 남긴 세계적인 석학 아놀드 토인비(Arnold Toynbee) 역시 기고와 강연 등에서 메기 효과를 즐겨 사용했다. 메기 효과를 예로 들어가며 그의 역사철학의 정수인

'도전과 응전'을 설명하기도 했다. 러시아식 공산주의가 메기가 되어 정체된 서구사회에 활력을 불어넣을 것이란 것이었다. 그만큼 그는 메기 효과를 굳게 믿고 확신했다.

우리 역시 그와 같은 효과를 직접 경험한 적 있다. 스웨덴의 가구 업체 이케아가 국내에 진출할 당시 가구 업계는 공멸할 것이라는 이른바 '이케아 공포'에 휩싸였다. 하지만 결과는 정반대로 나타났다. 이케아의 진출은 시장 확대는 물론 국내 가구 업계의 서비스 강화를 불러왔기 때문이다. 위기의식을 느낀 업계가 살아남기 위해서 다방면으로 노력한 결과였다.

메기 효과는 우리 삶에도 적용된다. 대부분 사람은 혼자보다는 경쟁자, 즉 '라이벌'이 있을 때 자신의 목표에 좀 더 빨리 접근할 수 있다.

흔히 라이벌은 같은 분야에서 일하는 맞수를 일컫는 말이지만, 요즘에는 적대적이라기보다 자신의 발전을 독려하는 자극제라는 의미로 사용되고 있다.

사실 라이벌(Rival)이란 말은 '강(River)'에서 유래했다.

강을 사이에 두고 마주하던 두 마을이 있었다. 두 마을은 강의 소유권을 두고 날마다 싸웠다. 함께 흐르는 강을 나눠 마시고, 함께 물고기를 잡으면서 우애를 다지면 좋으련만, 그들은 한 치의 양보도 없이 강을 서로 차지하기 위해서 날마다 충돌하고 반목했다. 하지만 반대로 생각하면 두 마을 모두 강을 지키기 위해 최선을 다했다. 그러다 보니 강이 마르거나 오염되는 일은 단 한 번도 없었다. 그런 점에서 볼 때 라이벌이란 경쟁자이면서 동시에 협력자를 뜻한다.

누구도 다른 사람과 경쟁하지 않으면서 살 수는 없다. 학교 입학은 물론 취업, 승진 등 삶의 중요한 순간마다 마주하는 모든 것이 경쟁이다. 문제는 대부분 사람이 경쟁에서 이기고 싶어라 한다는 것이다. 그러다 보니 때로는 라이벌을 증오하기도 한다. 라이벌을 경쟁상대나 자극제가 아닌 증오의 대상으로 여기는 것이다.

"절대 그를 이길 수 없었어. 그 마음이 나를 한평생 괴롭혔지. 결국, 그가 승리자야. 과거를 떠올리는 지금, 이 순간까지도…"

1823년 오스트리아의 수도 빈. 한 노인이 고개를 떨군 채 뭔가를 참회하고 있었다. 죽음을 앞둔 듯 비장한 눈빛으로 자신을 '패배자'라고 말하는 이 남자는 안토니오 살리에리(Antonio Salieri)였다. 그리고 그가 절대 이길 수 없었다고 한 주인공은 모차르트(Wolfgang Amadeus Mozart)였다.

알다시피, 모차르트가 천재를 대표한다면, 살리에리는 보통 사람을 대변한다. 사실 살리에리 역시 당대 최고의 음악가 중 한 사람이었지만, 모차르트의 천재성에 가로막혀 영원한 이인자의 삶을 살아야만 했다.

《삼국지》에도 모차르트를 질투한 살리에리와 같은 인물이 있다. 평생 제갈량(諸葛亮)의 그림자에서 벗어나지 못한 사마의(司馬懿)가 바로 그다. 제갈량과 사마의는 유비와 조조를 대신해서 지략 대결을 펼친 숙

명의 라이벌로 일진일퇴를 거듭하며 끊임없이 경쟁했다.

제갈량이 뛰어난 계책과 넓은 안목으로 난국을 돌파해냈다면, 사마의는 매우 신중하고 타인의 장점을 잘 습득했다. 또한, 제갈량이 자신이 원하는 방식으로 일을 밀어붙였다면, 사마의는 자신을 통제할 줄 아는 승부사였다. 예컨대, 그는 아낙네의 옷을 선물 받는 굴욕을 당하면서도 실리 없이 군대를 움직이지 않았고, 전장에서 승리를 거두고도 군주의 처벌을 바란다는 시를 지어서 바쳤을 정도로 언행을 삼갈 줄 알았다. 그런 사마의를 제갈량은 무던히도 괴롭혔다. 심지어는 죽어서도 그를 괴롭혔을 정도다. 오죽하면 "죽은 공명이 산 사마의를 쫓는다"라는 말까지 있다. 그만큼 제갈량의 꾀에 번번이 당했을 뿐만 아니라 콤플렉스에 내내 시달렸지만, 최후의 승자는 제갈량이 아닌 그였다.

내 편이 아닌 사람을 적이라고 한다. 적은 우리가 맞서 싸워야 하거나, 설득해야 할 상대다. 중요한 것은 적은 언제나 가까운 곳에 있다는 점이다. 이 얼마나 무서운 말이냐. 어제까지만 해도 같은 곳을 바라보면서 함께 웃었던 사람이 하루아침에 적이 되고, 항상 경계했던 사람이 갑자기 친구가 된다니. 사회란 바로 그런 곳이다. 지금이야 네가 그것을 절실하게 깨닫지 못할 수도 있지만, 사회생활을 시작하게 되면 그런 냉혹한 현실과 마주해야 한다. 하지만 그런 적은 오히려 나를 자극하는 좋은 적, 즉 라이벌이라고 할 수 있다. 가장 무서운 적은 내게 무관심한 사람이기 때문이다. 그래서 니체는 《차라투스트라는 이렇게 말했다》에서 이렇게 말했는지도 모른다.

"싫어해야 할 적을 만들어라. 절대 경멸해야 할 적을 만들어서는 안 된다. 우리는 우리의 적에 대해서 긍지를 가질 수 있어야 한다."

▶▶▶ 사실 라이벌이 없다는 것은 우리 자신에게도 큰 도움이 되지 않는다. 스스로 성장하고 발전할 기회가 사라지기 때문이다. 실례로, 삼성을 세계적인 기업으로 성장시킨 이건희 전 회장은 현대그룹 정주영 전 회장이 사망했을 때 이렇게 말한 바 있다.

"현대라는 라이벌이 있었기에 삼성이 이렇게 성장할 수 있었다."

그만큼 라이벌의 존재는 매우 중요하다.

살면서 너를 자극하고 독려하는 라이벌을 많이 만들어라. 네가 가장 닮고 싶은 사람 중에서 라이벌을 만들면 더욱 좋다. 중요한 것은 라이벌을 경쟁자가 아닌 함께 가야 하는 동반자로 생각해야 한다는 것이다. 그래야만 서로 독려하고 경쟁을 통해 윈윈(Win-Win)할 수 있다.

밤이 깊고 어두울수록
별은 더욱 빛난다

　지금, 우리 사회에는 '어른'이 없다. 어른이란 경험이 부족한 아이들이 올바른 삶을 살 수 있도록 잘못된 점은 바로잡아주고, 살면서 얻은 지혜를 아무런 대가 없이 전해주는 사람을 말한다. 흔히 말하는 '꼰대'와는 차이가 있다. '꼰대'가 사사건건 트집 잡고, 구태의연한 사고방식을 일방적으로 강요한다면, '어른'은 자기 생각만을 강요하지 않고, 올바른 길로 나갈 수 있도록 돕기 때문이다. 하지만 지금, 우리 사회 어디를 둘러봐도 그런 어른은 쉽게 찾아볼 수 없다. 부모도, 선생님도 자기가 알고 있는 지식만 일방적으로 전하려고만 할 뿐, 아이의 삶에는 관심을 두지 않는다. 부모는 선생님에게, 선생님은 부모에게 아이의 삶을 양보하느라 바쁠 뿐이다.

학교 근처를 지나가다 보면 운동장에 차가 빼곡히 들어차 있는 모습을 자주 볼 수 있다. 그걸 볼 때마다 나는 마음이 불편하기 그지없다. '저러면 안 되는데'라는 생각이 들기 때문이다.

운동장은 아이들이 마음껏 뛰어놀아야 할 공간이지, 차를 주차하는 곳이 아니다. 차가 빼곡히 들어찬 운동장에서 마음 편히 뛰어놀 수 있는 아이는 없다. 하다못해 놀면서도 불편하고, 가슴이 조마조마할 것이 틀림없다. 혹시라도 차에 부딪히면 크게 혼이라도 날까 봐 겁이 나기 때문이다.

학교의 주인은 차나 차의 주인인 선생님, 학교 직원들이 아니라 아이들이다. 그들 역시 그걸 모르지는 않을 것이다. 그저 자신들이 편하기에 아무 생각 없이 거기에 주차하는 것일 뿐. 그로 인해 아이들이 불편을 겪는 일쯤은 가볍게 무시한다. 아이들은 놀지 말고, 공부나 하라는 것일까.

왜 학교의 주인인 아이들이 차나 아무 생각 없이 운동장에 주차한 이들 때문에 불편함을 겪어야 하는지 나는 정말 그 이유를 모르겠다. 이거야말로 굴러온 돌이 박힌 돌을 빼내는 셈이다.

한 번은 학교 앞을 지나다가 선생님인 듯한 사람이 아이를 혼내는 장면을 우연히 보게 되었다. 잠깐 들은 바에 의하면, 축구공 때문에 차의 문짝이 살짝 긁히고 패인 듯했다. 화가 난 그 사람은 어쩔 줄 모르는 아이를 혼내는 것도 모자라서 당장 부모님을 모셔오라고 했다. 그 말을 듣고 놀란 사람은 아이가 아닌 나였다. 그 사람에게는 제자의 아픔보다는 차가 훨씬 더 소중했던 모양이다.

물론 주차할 공간이 없어서 어쩔 수 없이 차를 운동장에 대야 하는 사정을 모르는 것은 아니다. 하지만 문제가 있으면 해결해야 하는데, 그걸 해결할 마음은 없어 보인다. 학교도, 선생님도, 교육 당국도 손 놓고 방관할 뿐이다. 아이들이 스스로 노는 것을 포기하면서까지 그 문제를 해결해줘야 하는 것일까.

나이가 많다고 해서 모두가 어른 대접을 받는 것은 아니다. 책임질 줄 아는 사람만이 진정한 어른 대접을 받을 수 있다. 그들은 자신의 역할이 뭔지 잘 알고 있으며, 그것이 얼마나 중요한지도 잘 안다. 그런 사람을 만났을 때 사람은 크게 변한다. 비뚤어진 삶을 산 사람은 그동안의 실수와 잘못을 반성하고 새로운 길을 걷게 되며, 낯선 길을 걸으며 두려워하던 사람은 한껏 자신감을 얻어 가던 길을 더욱 힘차게 가게 된다. 예컨대, 그것은 깜깜한 밤길을 운전하는 것과도 같다. 깜깜한 밤길을 운전하다 보면 뒤에 차가 있을 때 한결 쉽게 운전할 수 있다. 마음도 훨씬 안정되고 편안해진다. 뒤차에서 나오는 불빛이 어둠을 밝혀주기 때문이다. 어른은 그런 불빛과도 같은 사람이다.

캐나다의 심리학자 앨버트 밴듀라(Albert Bandura)는 어떤 사람을 모델로 해서 사람이 변해가는 모습, 즉 '모델링(Modeling)'에 대해서 실험한 적 있다. 그에 의하면, 모델링에는 크게 세 가지 효과가 있다.

첫째, 관찰 학습 효과. 누구나 모델링만으로도 시행착오를 하지 않고 원하는 효과를 얻을 수 있다. 예컨대, 운동선수의 경우 모델로 삼는 선수의 기술을 흉내 내는 것만으로도 실력이 크게 향상할 수 있다.

둘째, 억제 효과 및 탈억제 효과. 모델링을 통해 나쁜 행동은 억제하고, 좋은 행동은 활성화하는 효과를 거둘 수 있다.

셋째, 반응촉진 효과. 프로이트의 심리학에서는 이를 '동일시'라고 하는데, 좋아하는 사람을 따라 하는 것만으로도 삶이 크게 바뀌는 것을 말한다.

중요한 것은 누구를 모델로 삼느냐이다. 누구를 모델로 삼느냐에 따라서 전혀 다른 결과를 얻을 수도 있기 때문이다.

우리 삶에도 닮고 싶은 모델이 꼭 필요하다. 특히 자신을 스스로 제어할 수 없는 사람이나 위기에 처하면 한 발자국도 앞으로 나아가지 못하는 사람일수록 그런 존재가 더욱더 절실하다. 그런 사람을 가리켜서 흔히 '멘토'라고 한다.

멘토의 기원은 트로이 전쟁으로 거슬러 올라간다. 트로이 전쟁 당시 출정을 앞둔 오디세우스(Odysseus)에게는 한 가지 걱정이 있었다. 아들 텔레마코스(Telemachos)가 몸도 마음도 허약하다는 것이었다. 그래서 그는 절친한 친구인 '멘토'에게 아들의 양육과 집안일을 부탁했다. 그렇게 해서 오디세우스가 돌아오기 전까지 무려 10여 년 동안 멘토는 텔레마코스의 친구이자 선생님인 동시에 상담자로, 또 때로는 아버지가 되어서 그를 보살폈다. 그때부터 멘토라는 이름은 지혜와 신뢰로 한 사람의 인생을 이끌어 주는 지도자와 동의어로 사용되었다.

저마다 더 나은 삶을 살기 위해서 동분서주하는 오늘날, 인생을 함께 지켜봐 주고 조언해 줄 누군가가 있다는 것은 생각만 해도 든든한 일이다.

인생을 함께하고 싶은 사람을 만나려면 말이 아닌 행동에 주목해야 한다. 말은 좋지만, 행동이 말과 어긋나는 사람이라면 그의 말만으로 만족해야 한다. 하지만 말은 그리 좋지 않지만, 행동이 모범적이라면 그의 행동을 본받을 필요가 있다. 중요한 것은 그 둘이 일치하는 사람을 멘토로 삼아야 한다는 것이다. 하지만 주의해야 할 점이 있다. 멘토의 삶을 존경하고 흉내 내는 것은 좋지만, 자기 정체성을 절대 잃어서는 안 된다는 것이다.

《장자》〈추수〉편에 다음과 같은 이야기가 나온다.

중국 조나라의 수도 한단(邯鄲) 사람들은 걷는 모습이 매우 멋있었다고 한다. 북방의 연나라 수릉(壽陵) 지방에 사는 한 젊은이가 그것을 배우기 위해 한단을 찾았다. 그는 매일같이 큰길에 서서 사람들이 걷는 모습을 유심히 관찰하며 따라 했지만, 생각만큼 잘 되지가 않았다. 그 이유를 자신의 원래 걷는 습관 때문이라고 생각한 그는 걸음마부터 다시 배우기로 했지만, 몇 달을 배워도 그들의 걷는 법을 배울 수 없었다. 그뿐만이 아니었다. 자신이 원래 걷는 법 역시 잊고 말았다. 결국, 그는 네발로 기어서 고향으로 돌아가야 했는데, 여기서 '남의 흉내를 내다가 자신의 장점마저 결국 잃게 된다'라는 '한단지보(邯鄲之步)'라는 말이 유래했다.

훌륭한 멘토일수록 자신의 경험과 노하우를 일방적으로 강요하지 않는다. 어디까지나 그것은 자신의 경험과 방식일 뿐이기 때문이다. 그 때문에 자신의 경험과 노하우를 전수하되, 그것이 몸에 배어서 더 뛰어난 역량을 발휘할 수 있도록 도울 뿐이다.

미국 영화배우 로빈 윌리엄스(Robin Williams)가 출연한 〈죽은 시인의 사회〉라는 영화가 있다.

전통과 명예, 훈육, 그리고 탁월을 4대 원칙으로 하는 보수적인 남자 고등학교 '웰튼 아카데미'에 틀에 박힌 교육을 거부하는 키팅 선생님이 부임한다. 선생님은 틀에 박히고, 힘든 강의에 지친 아이들에게 공부보다는 어떻게 사는지가 훨씬 중요하다면서 틈날 때마다 'Carpe Diem!'을 외친다. '현재를 즐기라'는 것이었다. 아이들은 그런 선생님을 좋아하고 따른다. 하지만 보수적인 학교 관계자들에게 그의 존재는 자신들의 교육관을 위협하는 훼방꾼일 뿐이었다. 결국, 그들은 자신들의 교육관과 맞지 않는다는 이유로 선생님을 해고한다. 영화의 가장 감동적인 장면은 그 후에 일어난다. 잠시 자신의 물건을 찾기 위해 교실을 찾은 선생님을 본 아이들은 하나둘씩 책상 위에 올라가며 이렇게 외친다.

"Oh Captain! My captain!"

생각건대, 영화를 본 사람이라면 그 장면에서 너나 할 것 없이 가슴이 뭉클해졌을 것이다. 훌륭한 멘토란 그런 사람이 아닐까. 자신도 모르게 존경하는 마음이 우러나게 하는 사람 말이다.

멘토는 과거를 바꿀 수도, 미래를 보여 줄 수도 없다. 멘토의 역할은 모범을 보임으로써 그것을 보고 배우게 하는 것이다. 즉, 현재를 위로하고 격려해서 미래를 충실히 준비하게 하는 것이다.

멘토를 멀리서 찾지 마라. 또한, 특별한 사람만이 멘토가 될 수 있다는 선입견 역시 버려야 한다. 사실 우리는 매일 수없이 많은 멘토를 만나고 있다. 너무 가까운 관계라서, 혹은 너무 자주 만나서 그것을 모를 뿐이다.

가장 좋은 멘토는 가족이다. 가족보다 서로에 대해서 가장 잘 아는 사람은 없기 때문이다. 하지만 그것이 오히려 문제를 냉정하게 바라볼 수 없게 할 수도 있다는 전문가도 있다. 마음 편하게 문제를 털어놓기가 쉽지 않기 때문이다. 그렇다면 선생님이나 친구, 선후배는 어떨까. 가족보다는 한결 마음이 편할 것이다. 그러니 네가 가장 믿을 수 있고, 닮고 싶은 사람을 선택해서 삶의 고민을 논의해라. 또한, 누군가가 네 도움이 필요하다면 주저하지 말고 네 경험과 생각을 들려줘라. 그 사람의 인생을 변화시키는 데 얼마간의 도움이 되는 좋은 경험을 할 수 있을 것이다.

▶▶▶ 밤하늘을 올려다보면 수많은 별이 있다. 그중 어느 것이 과연 네 별일까. 별만 바라보면 쉽게 찾을 수가 없다. 어둠에 비하면 별은 극소수에 지나지 않기 때문이다. 그런데 대부분 사람이 자신을 별이라고 착각하면서 산다. 별을 반짝이게 하는 건 어둠이라는 사실은 잊은 채 말이다.

어둠이 있어야만, 별도 비로소 그 이름을 얻을 수 있고 반짝일 수 있다. 아는 것도, 경험도 부족한 내가 너를 위해 이 글을 쓰는 이유 역시 그와 같다. 내 삶과 조언이 네 인생을 반짝이게 하는 짙은 어둠이 되었으면 한다. 크고 환하게 하지는 못할 수도 있다. 하지만 네가 너의 길을 찾는 데 조금이라도 실수를 줄일 수 있고, 삶의 힌트를 얻는다면 그걸로 충분하다.

바라건대, 나를 발판 삼아 높이 뛰어올라라.

행복한 나를 만나는 지름길,
자존감 높이기

친구 사이에서 인기가 많은 사람에게는 공통점이 있다. 항상 자신감 넘치고, 밝으며, 당당하다는 것이다. 그 이유는 '자존감'이 높기 때문이다.

자신을 존중하고 사랑하는 마음을 '자존감'이라고 한다. 1890년 미국의 심리학자 윌리엄 제임스(William James)가 처음 사용한 용어다. 그에 의하면, 사람은 저마다 무한한 능력을 지니고 태어나지만, 대부분 10분의 1 정도만 사용한다고 한다. 그는 그 이유를 자존심과 열등감 때문이라고 했다. 지나친 자존심과 열등감이 자신감을 떨어뜨려서 일에 대한 열정과 도전을 가로막는다는 것이다. 이에 누구나 자신의 자존감이 어느 정도 수준인지 알 수 있도록 공식을 제시하기도 했다. 그에 의하면, 자존감은 성공(Success)을 욕구(Pretensions)로 나눈 값이다.

이 공식에 따르면, 자존감은 성공 횟수를 늘리거나 욕구를 줄여야만 커질 수 있다. 성공과 비례해서 욕구가 점점 커지는 자만심과의 차이점이기도 하다.

심리학자들에 의하면, 자존감은 어린 시절 가족 관계가 결정적인 역할을 한다. 특히 아이에 대한 사랑을 많이 표현하고, 아이의 성장을 적극적으로 돕고 믿는 가정의 아이일수록 자존감이 높다. 만일 내가 이 사실을 진작 알았다면 너를 더 많이 사랑하고, 너와 더 많은 시간을 함께했을 텐데, 안타깝게도 지금에야 알게 되었다. 그래도 네가 한 번도 어긋나지 않고, 반듯한 생각을 지닌 올곧은 사람으로 성장했다는 것에 고마움을 느낀다. 부디, 앞으로도 그런 마음과 생각으로 이 세상을 살아갔으면 한다.

자신을 사랑하지 못하면 다른 사람 역시 사랑할 수 없다. 또한, 자신을 믿지 못하면 다른 사람 역시 믿지 못한다. 그 결과, 자존감이 낮은 사람은 다른 사람에게 상처 주는 일이 잦다. 하지만 그것은 자기 자신을 불행하게 하는 일이다.

행복하려면 자존심은 낮추고, 자존감은 키워야 한다. 자존감을 키우려면 도달할 수 없는 높은 기준을 설정하기보다는 현실적으로 성취 가능한 목표를 설정하는 것이 좋다. 그렇게 해서 하나씩 목표를 이루어가며 자신감을 회복해야 한다. 무슨 일이건 자신 있고 긍정적인 마음으로 도전하다 보면 결과가 어떻든 간에 성장할 수 있기 때문이다. 그러니 무슨 일을 할 때 '안 되겠지'라는 부정적인 생각보다는 '일단 부딪혀보자'라는 긍정적인 마음으로 도전하는 것이 좋다.

자존감을 키우려면 자신의 마음속 목소리를 들을 줄도 알아야 한다. 다른 사람의 기대와 바람에 자신을 억지로 맞춰서는 안 된다. 그럴수록 자신만 피곤해지고, 자존감은 떨어진다.

다른 사람과 나를 절대 비교하지 마라. 자신이 가진 소중함은 모른 채 다른 사람을 부러워만 하는 사람은 절대 앞으로 나아갈 수 없다. 그런 사람들은 제자리를 맴돌거나 뒤로 가거나 둘 중 하나의 삶을 살게 된다.

고정관념에서 벗어나는 일 역시 매우 중요하다. 자신 혹은 누군가가 정해놓은 굴레에서 벗어나서 스스로 판단하고, 자신만의 규칙을 만들어야 한다. 그래야만 일에 대한 열정과 도전 정신이 생길 뿐만 아니라 삶 역시 즐길 수 있다. 또한, 그런 사람일수록 누구나 호감을 느끼며, 친구가 되기를 원한다.

자존감이 높은 사람은 잘못한 게 있으면 벌을 받는 것을 당연하게 생각한다. 실수나 잘못은 누구나 할 수 있기 때문이다. 그래서 자존감이 높은 사람일수록 자신의 실수와 잘못을 바로 인정하고, 다른 사람의 실수와 잘못에는 매우 관대하다. 하지만 자존감이 낮은 사람은 자신에 대한 믿음이 약하기에 다른 사람에 대한 의존도가 높을 뿐만 아니라 비난받는 것을 절대 참지 못한다. 그 때문에 자꾸 핑계를 대고 말도 안 되는 변명을 일삼는다. 또한, 누군가를 괴롭혀야만 화가 풀린다는 착각에 빠져 욕을 하거나 폭력을 저지르는 일도 잦다. 이에 대해 정신과 전문의이자 《자존감 수업》의 저자이기도 한 윤홍균 씨는 이렇게 말한다.

"우선, 어떤 상황에서건 자기 자신에게 '괜찮다'라고 말해야 한다. 자존감이 높고 건강한 사람을 롤 모델로 정하고 그의 행동을 따라 하는 것역시 좋은 방법이다."

그는 자신 역시 한때 뒤처지는 기분, 포기하고 싶은 마음에 중독되어 희망을 놓고 싶은 충동에 사로잡히고는 했다고 한다. 하지만 그런 상처와 후회보다는 미래를 내다보며 포기하지 않고 달리다 보니 원하는 삶을살 수 있었다며, 자존감을 회복하는 과정을 자전거 타기에 비유했다. "누구나 자존감에 올라타서 중심을 잡고 살아야 하는데, 자존감은 자전거처럼 쉴 새 없이 움직인다"라는 것이다.

지금, 이 시간에 집중해야 한다. 지나간 상처에만 집중하면 앞을 내다볼 수 없다. 그렇게 되면 자존감 역시 떨어지기 마련이다. 그러니 당장은만족스럽지 않고 힘들더라도 자신을 믿고 지금 가는 길을 뚜벅뚜벅 걸어가야 한다. 그러다 보면 언젠가는 네가 원하는 길과 비로소 마주할 수있다.

▶▶▶ 유럽의 지성이라고 불리는 프랑스의 경제학자 자크 아탈리(Jacques Attali)는《언제나 당신이 옳다》에서 이렇게 말했다.

"당신의 앞날을 스스로 개척하고 성공적인 인생을 살고자 한다면, 자신감을 가져라. 자기 자신을 존중하라. 당신 앞에 감히 모든 것이 열려 있다고 생각하라. 용기를 내어 자신을 되돌아보고, 이미 수립된 질서라 해도 다시 한번 흔들어보라. 당신의 삶을 세상에서 가장 아름다운 모험이라고 간주하며 살아라."

성공하려면 자신을 믿고, 존중하면서 살라는 말이다. 즉, 자신의 가치를 소중히 여기라는 것이다. 누구나 그런 삶을 살고 싶어라 한다.

자존감은 영어로 'Self-esteem'이라고 한다. 말 그대로 자신을 존중하는 마음이다. 중요한 것은 자기 자신 외에는 누구도 자존감을 결정할 수 없다는 점이다. 스스로 해결해야 하는 숙제와도 같은 셈이다.

바라건대, 네 삶을 방해하는 실패와 그와 관련된 부정적인 말은 모두 잊어버려라. 그리고 너를 믿고, 용기를 내어 원하는 일에 도전해라. 그것이 행복한 너와 만나는 최고의 비결이다.

인생은 내리막길에서
훨씬 성숙해진다

사회계약설로 유명한 프랑스를 대표하는 철학자 장 자크 루소(Jean-Jacques Rousseau)의 《고독한 산책자의 몽상》이라는 책이 있다. 비록 읽기 쉽지 않은 책이기는 하지만, 한 번쯤 읽어보면 삶을 어떻게 살아야 하는지 큰 도움이 될 것이다. 특히 이 책은 《레미제라블》의 작가 빅토르 위고(Victor-Marie Hugo)를 비롯한 프랑스 작가들은 물론 괴테, 실러 (Friedrich Von Schiller) 같은 독일 작가들에게까지도 큰 영향을 준 것으로 유명하다.

"이제 이 세상에 나는 혼자다. 더는 형제도, 가까운 사람도, 친구도, 사람들과의 교제도 없고, 오직 나 자신뿐이다"라는 자못 비장한 어투로 시작되는 《고독한 산책자의 몽상》은 루소가 죽기 2년 전부터 쓰기 시작한 미완성 작품으로, 당시 사회가 받아들이기 어려운 사상을 주장하면서 끊임없는 연금과 박해, 도피 생활을 해야만 했던 그의 삶에 관한 기록이다.

그는 총 10번의 산책을 통해 과거를 회상하고, 그에 대한 생각을 담담하게 써 내려간다. 하지만 10번째 산책을 채 끝내지 못하고 갑작스럽게 죽음을 맞았다.

세상에 믿을 사람 하나 없고, 수많은 사람에게 상처받은 그가 당시에 할 수 있는 일이란 산책과 식물 채집과 같은 소일뿐이었다. 그런 점에서 볼 때, 책 제목에서 말하는 고독한 산책자는 루소 자신이며, 그가 바라는 이상과 생각은 현실에서 절대 이루어질 수 없다는 생각에 그것을 '몽상'이라고 표현한 것은 아닐까 싶다.

그런 고독 속에서도 루소는 자신의 참된 모습을 찾으려고 애썼다. 자기 성찰에 그만큼 힘쓴 것이다.

"'나는 항상 배우면서 늙어간다.' 플루타르코스가 지은 《플루타르코스 영웅전》에 나오는 귀족 솔론은 말년에 이 말을 자주 했다. 마치 노년에 이른 나를 두고 하는 말인 것만 같다. 지난 20년 동안 얻은 지식은 실로 쓰라린 경험을 통해 얻은 것이다. 차라리 아무것도 모르는 무지의 상태였더라면 훨씬 나았을 것이다. 역경이란 것이 때로는 위대한 스승이 될 수도 있다는 삶의 이치를 깨닫는 데 매우 값비싼 대가를 치러야만 하지만, 때로는 그렇게 해서 얻은 것이 이미 치른 대가보다도 못 한 일도 전혀 없지 않다. 청년 시절에는 지혜를 갈고닦고, 노년은 그 지혜를 실천하는 시기다."

루소는 숲속을 즐겨 걷고, 풀과 나무를 사랑했으며, 강과 호수를 자주 찾았다. 그러면서 자신을 괴롭히는 사람들에게 가장 잔혹한 복수는 스스로 행복해지는 것이라고 믿었다. 누군가를 미워하는 것은 '자신을 더욱더 힘들게 하는 일'이기 때문이다.

루소의 삶에서 알 수 있듯, 높은 곳에 서야만 자신을 볼 수 있는 것은 아니다. 가장 절박하고 힘들 때, 즉 가장 낮은 곳에 있을 때 비로소 진실한 자신과 마주할 수 있다. 높은 곳에서 보는 자신은 오만하고 자만할 수 있지만, 가장 낮은 곳에서 보는 자신은 더는 잃을 것이 없기에 더없이 겸손하고 진실하기 때문이다. 또한, 오만과 자만은 자신을 과대평가하게 하지만, 겸손과 진실함은 자신을 바로 보게 한다.

예일대학과 하버드대학 교수를 지낸 헨리 나우웬(Henri J.M. Nouwen) 신부는 어릴 때부터 항상 일등으로만 달렸다. 그런데 어느 날, 교수직을 돌연 사임한 후 캐나다 토론토에 있는 지적 장애아들을 돌보는 공동체에 들어갔다. 그곳에서 그는 지적 장애아들의 용변을 치우고 목욕을 시키는 등 온갖 허드렛일을 하며 지냈다. 누군가가 그에게 왜 그런 삶을 사느냐고 묻자, 그는 이렇게 말했다.

"나는 그동안 오르막길만 걸어왔습니다. 어릴 때부터 늘 일등으로 달려서 하버드대학 교수까지 올라갔지요. 하지만 나이 들면서 비로소 깨달은 것이 있습니다. 그것은 바로 인생은 내리막길에서 훨씬 성숙해진다는 것입니다."

스무 살이 되는 아들에게

'아포리아(Aporia)'라는 철학 용어가 있다. 그리스어 '길이 없음'에서 유래한 말로 통로나 수단이 없어서 앞으로 나갈 수 없는 상태, 즉 난관에 부딪혀서 다른 방법을 전혀 찾을 수 없는 상태를 말한다.

고대 그리스인들은 아포리아에 부딪히면 자신이 걸어온 길을 되돌아보면서 문제의 해법을 찾았다. 또한, 노를 더 빨리 젓기보다는 잠깐 노를 내려놓은 후 다른 사람의 지혜를 배웠다. 한 걸음 물러나서 문제를 바라본 것이다.

때로는 하던 일에서 한발 물러서서 직면한 문제를 바라보면 뭐가 문제인지, 어떻게 하면 더 잘할 수 있는지 해법이 저절로 보일 때가 있다. 많은 사람이 자기 일보다는 다른 사람의 일에서 실수를 더 잘 찾는 것도 바로 그 때문이다.

▶▶▶ 우리 삶은 우리가 생각하고 행동하는 대로 이루어진다. 내 경험상 그것은 한 치의 오차도 없이 아주 정확하다. 생각이 확실하고 적극적인 사람은 능동적이고 긍정적인 삶을 살지만, 생각이 불분명하고 게으른 사람은 소극적이고 부정적인 삶을 살게 마련이다. 그러니 네가 원하는 삶을 살려면 자신을 성찰하는 일을 게을리해서는 안 된다. 자신의 삶을 되돌아보고 깨달음을 얻는 사람만이 능동적이고 긍정적인 삶을 살 수 있기 때문이다. 또한, 끊임없이 자신을 반성하고 성찰하는 일이야말로 자신을 더욱더 단단하고 성장하게 하는 최고의 비결이다. 덕망 높은 선승들은 반드시

그런 수양과 참선의 과정을 겪는다. 하지만 그것은 매우 고통스러운 과정이다. 자기와의 끊임없는 싸움이기 때문이다.

아무리 바쁘더라도 가끔은 네가 걸어온 길을 한 번씩 되돌아봐라. 선승들처럼 힘든 고행의 시간을 가지라는 말은 아니다. 네가 걸어온 길을 되돌아보면서 지금 어디까지 왔는지, 가고자 하는 곳으로 제대로 가고 있는지 점검하는 것만으로도 충분하다. 내면의 소리를 외면하지 않아야만 실수와 잘못을 깨닫고, 새로운 길을 모색할 수 있다.

내 힘으로 어떻게 할 수 없는 일은
무시해라

이길 가능성이 없는 전쟁에서 지지 않는 최고의 방법은 과연 뭘까?

그것은 그런 전쟁은 절대 하지 않는 것이다. 마찬가지로 행복하려면 우리 힘으로는 어떻게 할 수 없는 일은 무시해야 한다.

모든 것을 자기 뜻대로 움직이려고 할수록 충돌이 생기기 마련이다. 그런 점에서 볼 때 굳이 나서야 할 필요 없는 일이라면 나서지 않는 것도 세상을 현명하게 사는 방법의 하나다.

세상에는 다른 사람들이 하는 대로 내버려 둬도 좋은 일이 얼마든지 있다. 어차피 그것은 아무래도 상관없는 일이기 때문이다. 그런데 세상에는 다른 사람의 말과 행동을 보고 좀처럼 참지 못하는 사람들이 간혹 있다. 괜한 일에 트집 잡고, 남의 삶에 간섭하는 것이다. 정작 자기가 어떻게 할 수도 없으면서 말이다.

내 힘으로는 어떻게 할 수 없는 일은 무시해라. '방관'하라는 것이 아니다. '관조'하라는 것이다. 방관과 관조는 매우 다르다. 방관이 '어떤 일에 직접 나서서 관여하지 않고 곁에서 보기만 하는 것'이라면, 관조는 '고요한 마음으로 사물이나 현상을 관찰하거나 비추어 보는 것'을 뜻한다. 또한, 방관이 일방적으로 내버려 두는 것이라면, 관조는 여유롭고, 달관하듯 지켜보면서 그에 맞춰 해결책을 찾는 것을 말한다. 즉, 방관이 방치라면, 관조는 삶에 관한 진지한 성찰이라고 할 수 있다.

이런 관조의 삶을 가장 잘 실천하는 사람은 《월든》의 작가 헨리 데이비드 소로가 아닐까 싶다. 그는 물질세계의 풍요와 혜택에서 벗어나 자연과 함께 사는 행복한 자신의 모습을 다음과 같이 표현했다.

"나는 변덕스러운 사회에 싫증을 느낀다. 그 속에서는 침묵이 가장 자연스러운 최고의 예절이다. 동료들은 아주 얕은 여울이나 웅덩이만을 걸으려고 한다. 나는 날마다 그들 사이에서 침묵한다. 어떤 사람은 내가 자신의 농담을 웃으면서 받아주지 않는다며 불평한다. 그때마다 나는 그가 농담을 다 하기도 전에 웃고 그냥 내 길을 간다."

28세 되던 해 월든 호숫가에 작은 통나무집을 한 채 지은 후 2년 2개월 동안 그곳에 머물며 문명사회의 풍요와 더 많은 것을 가지려는 사람들의 욕심을 비판한 그는 하버드대 출신으로 마음만 먹으면 누구보다도 더 편안하고 풍족한 삶을 살 수 있었다. 하지만 아득바득 성공하려는 세상과 지나친 소유욕이 싫어서 죽는 날까지 그럴듯한 직업 한 번 가진 적 없이 임시교사, 목수 등의 직업을 전전하며 살았다. 그런데도 하버드대의 '자랑스러운 졸업생 이름'에서 단 한 번도 빠진 적이 없다. 비록 생활은 가난했지만, 정신만은 누구보다도 풍요로웠기 때문이다.

이렇듯 관조하는 삶은 세상으로부터 멀찍이 떨어져서 자기 자신을 객관적으로 바라보게 할 뿐만 아니라 자신에게 끊임없이 질문함으로써 성찰의 삶을 살게 한다. 그 자체만으로도 삶의 중요한 공부가 되는 셈이다.

그리스의 최고 철학자 중 한 명인 아리스토텔레스(Aristoteles) 역시 관조하는 삶을 '최고의 행복'이라며 매우 즐겼다. 그리스어로 관조를 '쎄오리아(Theoria)'라고 하는데, 이는 '이론'을 의미하는 영어단어 'Theory'의 어원이기도 하다. 즉, '이론'이란 말속에는 한 대상을 조용히 바라본다는 뜻이 숨어 있다.

그렇다면 어떻게 하면 관조하는 삶을 즐길 수 있을까. 데이비드 소로의 삶에 그 해답이 있다. 관조하는 삶이란 넘치지도, 모자라지도 않는 '중용의 삶'을 말한다. 즉, 욕심 없는 삶이다. 따라서 관조하는 삶을 살려면 지나친 욕심과 집착에서 벗어나야 한다. 지나간 일에 대한 후회와 부질없는 생각 역시 멈추는 것이 좋다. 그러자면 근심할 것과 근심하지 말아야 할 것을 구분할 줄 알아야 한다. 쓸데없는 근심과 걱정이야말로 우릴 아프고 병들게 하기 때문이다. 그렇게 되면 삶을 제대로 관조할 수 없다.

▶▶▶ 세상에는 스스로 불행해지는 방법이 여러 가지 있다. 돈이나 명

에에 집착하는 것 역시 그중 하나다. 돈이나 명예에 집착하면 내 삶이 아닌 다른 사람에게 보여주고 인정받기 위한 수동적인 삶을 살 가능성이 크다. 그런 삶은 절대 행복할 수 없다. 성공했는데도 머릿속에 행복이라는 단어가 자꾸 맴도는 이유는 바로 그 때문이다.

　행복하기 위해 '무엇'에 집착한다면, 정말 그 '무엇'을 얻을 수 있을까. 우리 삶은 우리가 생각하는 것보다 훨씬 심술궂다. 우리가 뭔가에 집착할수록 오히려 그 반대되는 결과를 초래하기 때문이다. 그러니 네 힘으로 어떻게 할 수 없는 일은 무시해라. 오직 네가 할 수 있는 일에만 집중해라. 나머지는 과감하게 내려놓아야 한다. 그래야만 삶을 비로소 즐길 수 있다.

자기 양심을
두려워하는 사람이 되어라

한적한 시골길에 차 한 대가 빠른 속도로 달려온다. 잠시 후 신호가 바뀌자, 순간 멈칫하던 차는 곧 신호를 무시하고 좌회전한다. 그 모습을 지켜본 경찰은 급히 차를 세운 후 운전자에게 면허증을 보여달라고 한다. 운전자는 급해서 그랬다면서 한 번만 봐 달라고 사정하지만, 경찰은 단호하다. 그러자 운전자는 자신이 새로 부임하는 경찰서장임을 밝힌다. 그 말에 경찰은 큰소리로 경례한 후 신호 위반 딱지를 뗀다.

영화 〈바르게 살자〉의 첫 장면이다. 보는 사람에 따라서는 경찰의 행동이 매우 고지식하고 융통성 없어 보일 수도 있다. 하지만 영화를 봤던 사람들은 그 장면에서 카타르시스를 느꼈다. 상대의 지위를 따지지 않는 것은 물론 어떤 순간에도 기본과 원칙을 지키려는 경찰의 행동이 마음을 후련하게 했기 때문이다.

무엇이든 기본과 기초가 중요하다. 기본과 기초가 없으면, 즉 기본과 기초가 무너지면 모든 것은 사상누각(砂上樓閣, '모래 위에 지은 집'이라는 뜻으로 오래 유지되지 못할 일이나 실현 불가능한 일을 뜻함)에 지나지 않기 때문이다. 예컨대, 집을 지을 때 그 집의 기본이자 기초가 되는 주춧돌을 깊고 단단하게 세우지 않으면 그 집은 얼마 가지 못해서 무너지고 만다. 그런 만큼 기본과 기초는 우리의 생명과도 직결되어 있다.

우리 사회에서 일어나는 대부분 사건 사고는 기본과 기초를 지키지 않는 데서 일어난다. 반드시 지켜야 할 규칙과 규율이 있는데도 그것을 무시하고 지키지 않기 때문이다. 그 대표적인 예가 2016년 일어난 구의역 사건이다.

고등학교 재학 중 지하철 스크린도어(안전문) 유지 보수 업체에 비정규직으로 취업했던 19살 청년이 있었다. 140만 원이 채 되지 않은 월급으로 적금까지 넣어가며 일했던 청년은 지하철 기관사가 되겠다는 희망을 품고 누구보다 열심히 살았다.

그가 일했던 회사는 97개 지하철역의 스크린도어 보수를 맡고 있었지만, 직원이라고는 10여 명이 전부였다. 당연히 2인 1조로 작업해야 한다는 기본 규칙은 지켜지지 않았고, 그 역시 끼니도 제대로 챙기지 못하는 때가 많았다. 그러다가 결국 지하철에 치여서 목숨을 잃었다. 기본과 기초를 지키지 않는 회사와 그것을 제대로 점검하지 않은 사회가 젊은 청춘의 목숨을 앗아간 셈이다. 더 심각한 일은 그런 일이 반복해서 일어나고 있다는 것이다. 그 이유는 과연 무엇일까.

누구도 그것을 책임지지 않고, 그에 따른 처벌 역시 약하기 때문이다. 사람들의 의식 수준 역시 마찬가지다. 문제화되었을 때만 솥뚜껑처럼 일시적으로 뜨겁게 달아올랐다가 금방 식고 만다. 즉, 우리 사회의 시스템 자체가 기본과 기초를 지키지 않아도 괜찮다고 방증하는 셈이다. 그러니 누구도 그것을 굳이 지키려고 하지 않고, 결국 지키는 사람만 바보소리를 듣는다.

선진국일수록 기본과 기초에 대해 매우 민감하다. 또한, 그것을 지키지 않으면 무거운 책임과 처벌이 뒤따른다. 사람들의 의식 수준 역시 우리보다 훨씬 높다. 실례로, 일본에서는 어린이가 건널목에 서 있으면 모든 자동차가 멈춘다. 신호등이 빨간색이 아니더라도 반드시 멈춰서 어린이가 먼저 지나가기를 기다린다. 자신이 빨리 가는 것보다 아이의 안전이 우선이라는 시민 의식 때문이다.

그에 반해, 우리의 실정은 부끄럽기 그지없다. 어린이 보호구역을 만들고, 각종 법안을 만들어서 위반하면 가중처벌하겠다고 아무리 강조해도 사고가 끊이지 않는다. 음주운전 역시 마찬가지다. 아무리 단속해도 술 마시고 운전하는 사람이 줄지 않는다. 내 목숨이 소중한 만큼 다른 사람의 목숨 역시 소중하다는 경각심 따위는 애초에 없다. 역시나 처벌 수준이 낮은 데 그 원인이 있다.

기본과 기초만 잘 지켜도 사회는 발전한다. 하지만 많은 사람이 그것을 애써 무시하고 나 몰라라 한다. 나아가 그런 것쯤은 굳이 지키지 않아도 된다고 생각한다. 그런 점에서 볼 때 소크라테스가 "악법도 법이다"라면서 죽음을 택한 데는 그만한 이유가 있다. 기본과 기초가 무너지면 사회 전체가 무너지기 때문이다.

기초와 기본의 사전적 정의는 다음과 같다.

- 기초: 사물의 기본이 되는 토대
- 기본: 어떤 것을 이루기 위해 가장 먼저, 또는 꼭 있어야 하는 것

이렇듯 기본과 기초는 사람이 사람답게 사는 데 있어서 필요한 최소한의 지식과 규율이다. 따라서 아무리 싫어도 꼭 알아야 하고, 반드시 지켜야 한다.

프리미어리그(잉글랜드 프로축구)의 명가 〈맨체스터 유나이티드 FC〉를 28년 동안 이끌면서 명실상부 세계 최고의 감독으로 불린 알렉스 퍼거슨(Alex Ferguson)은 퇴임하면서 이렇게 말한 바 있다.

"나는 맨유에 부임했을 때 단 한 가지만 생각했다. 바로 팀의 리빌딩이었다. 나는 팀을 바닥에서부터 올바르게 만들고 싶었다. 처음 부임한 감독 중 99%는 승리하는 것을 가장 중요하게 생각할 것이다. 생존 때문이다. 하지만 승리는 짧은 기간의 이득이다. 패배할 수도 있기 때문이다. 반면, 기본과 기초부터 팀을 만드는 것은 팀에 안정성과 꾸준함을 가져다

준다."

기본과 기초의 중요성을 강조한 이 말은 당시 적지 않은 화제가 되었다. 오직 승리하는 데만 집착한 이들에게 무엇이 진정 이기는 것인지 큰 깨달음을 주었기 때문이다.

맹자(孟子) 역시 그와 비슷한 말을 했다.

어느 날, 서자(西子)가 스승 맹자에게 물었다.

"선생님, 공자께서는 흘러가는 물을 보고 '흘러가는 것이 이와 같구나. 밤낮으로 흘러 쉬지 않는구나'라고 하셨고, '지혜로운 자는 물을 좋아한다'라고 했습니다. 공자께서는 물의 어떤 점을 높이 사서 그렇게 비유하신 것입니까?"

그러자 맹자는 이렇게 말했다.

"근원이 있는 샘물은 저절로 솟아나서 밤낮으로 달려간다. 웅덩이가 있으면 건너뛰지 않고 하나하나 채우고 강을 지나 바다까지 이른다. 하지만 근원이 없는 웅덩이의 물은 장마철에는 금방 가득 차지만, 우리가 서서 마르기를 기다릴 수 있을 만큼 금방 마르고 만다."

▸▸▸ 기본과 기초는 우리가 몰라도 되거나 무시해도 좋은 것이 절대 아니다. 기본과 기초는 우리가 반드시 지켜야 하는 최소한의 규칙이다. 그것을 지켜야만 사회가 유지될 수고, 우리 역시 행복한 삶을 살 수 있기 때문이다. 예컨대, 교통 법칙 같은 사회의 가장 기본이 되는 기초 질서가 무너지면 더는 사회가 유지될 수 없다. 너도나도 위반할 것이 틀림없기

때문이다. 무엇이건 만들고 세우는 것은 힘들지만, 무너지는 것은 한순간이다.

말했다시피, 기본과 기초를 지키지 않는 사람들에게 법은 그다지 무서운 것이 아니다. 가능한 한 걸리지 않으면 되고, 걸리더라도 처벌 수준이 약하기 때문이다. 그런 그들도 무서워하는 것이 있다. 바로 다른 사람들의 눈이다. 아이러니하게도 법을 어겨서 받는 처벌보다 다른 사람들에게 욕먹는 것을 더 무서워하는 것이다. 하지만 그들이 무서워할 것은 따로 있다. 바로 자기 양심이다.

기본과 기초를 지키지 않은 것은 자기 양심의 문제다. 그러니 다른 사람의 눈보다는 자기 양심을 더 두려워하는 사람이 되어야 한다.

비교하는 삶,
타인의 삶에 나를 맞추지 마라

전 세계의 수많은 미술 작품 중 〈모나리자〉만큼 널리 알려진 작품은 없
다. 또한, 〈모나리자〉만큼 수많은 글의 소재로 쓰인 작품도 없다. 모나리
자의 신비한 미소가 많은 사람의 궁금증을 불러일으키기 때문이다.

알다시피, 〈모나리자〉를 그린 사람은 레오나르도 다빈치(Leonardo da
Vinci)다. 사실 그는 르네상스 시대를 대표하는 화가이기도 하지만, 회화
와 조각, 건축뿐만 아니라 해부학, 식물학, 공학 등 다방면에 재주가 뛰어
났던 천재였다. 많은 사람이 그가 남긴 그림이 30여 점밖에 되지 않는 이
유로 그 점을 꼽는다. 워낙 다방면에 재주가 뛰어났기에 그림에만 전념
할 수 없었다는 것이다. 하지만 그보다 더 큰 요인은 따로 있다. 그가 완벽
주의자였다는 것이다.

완벽을 추구하는 그의 강박성은 누구도 따르지 못했다. 한 작품을 완

성하는 데만도 3~4년이 걸렸다. 그러다 보니 그가 남긴 작품 중에는 미완성 작품이 유난히 많다. 그가 생전에 여러 차례에 걸쳐 소송에 연루된 이유이기도 하다.

〈모나리자〉 역시 3년이라는 시간 동안 심혈을 기울였지만, 결국 미완성으로 남았다. 그가 많은 작품을 완성하지 못한 것을 두고 끈기가 없다는 둥, 게으르다는 둥, 말년에 오른손이 마비되어 그림을 그릴 수 없었다는 둥 수많은 얘기가 있지만, 어느 것도 정확하지 않다. 다만, 미완성작으로 남았기에 오히려 더 많은 사람의 입에 오르내리고 유명해진 것만은 분명하다.

일본 메이지 시대 미술 평론가로 활동했던 오카쿠라 덴신(岡倉天心)의 《차 이야기》를 보면 다음과 같은 이야기가 나온다.

도요토미 히데요시의 차 스승이자, 일본 다도의 명인으로 알려진 센노 리큐(千利休)에게는 아들이 하나 있었다. 어느 날, 그가 아들이 정원 청소하는 모습을 지켜보며 물었다.

"아직도 청소가 덜 끝났느냐?"

그러자 아들은 아무 말 없이 한참을 더 청소하더니, 잠시 후 이렇게 말했다.

"아버지, 이제 더는 청소할 곳이 없습니다. 계단은 세 번이나 쓸었고, 석등도 여러 번 닦았습니다. 나무에 물도 주었고, 이끼도 반짝반짝 윤이

납니다. 보십시오, 바닥에 먼지 하나 없이 깨끗합니다.”

하지만 어찌 된 일인지 센노리큐는 아들을 칭찬하는 대신 오히려 꾸짖었다.

“어리석구나. 이것은 청소한 것이 아니라 망친 것에 가깝다.”

그러면서 정원의 나무를 흔들어서 알록달록 물든 나뭇잎을 바닥에 떨어지게 하더니 아들을 향해 이렇게 말했다.

“정원을 청소할 때는 깨끗한 것도 중요하지만, 자연미도 생각해야 한다.”

아들의 완벽을 추구하는 태도를 지적한 것이다. 지나친 완벽주의로 인해 정원의 아름다움마저 깨뜨렸기 때문이다.

지나치면 독이 될 수 있다. 하지 않은 것만 못하기 때문이다. 그런데도 많은 사람이 완벽주의를 추구하고, 완벽주의자가 되려고 한다. 완벽해야만 성공할 수 있고, 다른 사람에게 인정받을 수 있다고 생각하기 때문이다. 물론 부족하고 뒤떨어진 것보다는 완벽한 것이 낫다. 하지만 지나친 완벽주의는 자신을 무너뜨릴 수도 있음을 알아야 한다. 지나치게 높은 기준과 달성 불가능한 목표는 심리적으로 큰 압박감을 느끼게 할 뿐만 아니라 불평과 불만, 비관에 빠지게 하기 때문이다. 또한, 지나칠 정도로 완벽을 추구하다 보면 자기도 모르는 사이에 에너지를 소진하고 무기력해질 수 있다. 흔히 말하는 '번아웃 증후군(Burnout Syndrome)'에 빠지는 셈이다. 번아웃 증후군이란 한 가지 일에 몰두하던 사람이 신체적,

정신적 피로감으로 인해 무기력해지고 자기혐오에 시달리는 증상을 말한다.

지나친 완벽주의는 자신을 혹사하게 해서 결국 파멸로 이끈다. 완벽주의가 나쁘다는 말은 절대 아니다. 완벽주의 자체는 그리 나쁜 것이 아니다. 문제는 완벽주의에 관한 지나친 맹신과 집착이다. 그런 함정에서만 벗어난다면 완벽주의 역시 얼마든지 사회 발전과 개인의 성장을 이끄는 중요한 가치가 될 수 있다.

완벽주의에서 벗어나려면 미움받는 것을 절대 두려워해서는 안 된다. 즉, '미움받을 용기'가 있어야만 완벽주의라는 함정에서 벗어나서 비로소 자유로워질 수 있다. 이에 대해 일본 내 아들러 심리학의 일인자로 알려진 기시미 이치로(岸見一郎)는 이렇게 말한다.

"인간은 그 자체만으로도 완성된 존재이다. 따라서 지금의 나를 인정함으로써 진정한 행복에 이를 수 있다."

아들러 심리학이란 오스트리아의 정신과 의사이자 심리학자인 알프레드 아들러(Alfred Adler)가 주창한 이론으로 '원인론'이 아닌 '목적론'을 중시하는 심리학이다. 즉, 현재의 삶은 과거의 트라우마나 특정 사건과 같은 원인이 만든 것이 아니라 현재의 목적이 만든 것이라는 얘기다. 나아가 사람은 바뀌지 못하는 것이 아니라 바뀌지 않겠다고 결심할 뿐이며, 지금의 행복을 실감하지 못하는 사람에게 부족한 것은 능력도, 돈도, 축복받은 환경도 아닌 '용기'라고 말한다. 그런 점에서 흔히 '용기의 심리학'이라고도 불린다.

완벽주의에서 벗어나려면 자신과 다른 사람을 비교하는 일 역시 삼가야 한다. 자신과 다른 사람을 비교하는 것이야말로 완벽주의의 가장 큰 원인이기 때문이다. 나와 다른 사람을 비교하는 사람은 늘 바쁘고 괴롭다. 만족할 줄 모르기 때문이다. 중요한 것은 그런 사람이 행복할 리 없다는 점이다. 그 때문에 완벽주의에서 벗어나려면 미움받을 용기 못지않게 '비교하지 않는 용기' 역시 필요하다. 그래야만 더는 무리한 목표를 세우지 않고, 헛된 욕망에서 벗어날 수 있기 때문이다.

나아가 완벽주의에서 벗어나려면 자기 자신에게 관대해야 한다. 하지만 많은 사람이 다른 사람의 인간적인 약점과 실수, 실패는 쉽게 넘어가고 눈감아주지만, 자신의 약점과 실수, 실패는 참지 못한다. 그만큼 자신에게 엄격하다. 그래서는 완벽주의에서 절대 벗어날 수 없다. 다람쥐 쳇바퀴 돌 듯 무기력하고 자신을 혐오하는 삶을 계속 살 수밖에 없다.

무엇이건 지나치면 부족한 것만 못한 법이다. 완벽주의 역시 마찬가지다. 지나친 완벽주의는 자신은 물론 주위 사람만 힘들게 할 뿐이다. 무엇보다도 이 세상에 완벽한 사람은 없다. 즉, 많은 사람이 완벽해지기 위해서 노력하지만, 누구도 완벽하지 않다. 그러니 완전해야 한다는 강박증에서 빨리 벗어나야 한다.

▶▶▶ 다른 사람의 말이나 평가를 두려워하지 마라. 실수하거나 실패해도 괜찮다. 완벽해지기 위해서 애쓸 필요도, 성취 불가능한 목표를 세우

고 끙끙 앓을 필요도, 남과 비교하면서 열등감에 시달릴 필요도 없다. 실수와 실패에 대한 두려움과 화려함만 좇는 허영심, 삶을 피곤하게 만드는 열등감 따위는 던져버려라. 다른 사람과 나를 비교하는 순간부터, 다른 사람의 시선에 너를 맞추는 순간부터 행복은 멀어진다. 너 자신의 불완전함을 인정하고, 현실을 있는 그대로 받아들여야 한다. 그래야만 힘들어하지 않고, 네가 원하는 곳을 향해 앞으로 나아갈 수 있다.

한쪽 눈만으로는
세상을 제대로 볼 수 없다

한 몸에 두 개의 머리를 가진 '공명조(共命鳥)'라는 새가 있다. 한쪽 머리는 낮에 일어나고, 다른 한쪽 머리는 밤에 일어난다. 그런데 어느 날, 한쪽 머리가 건강을 위해 좋은 열매를 먹는 것을 질투한 다른 쪽 머리가 독이 든 열매를 몰래 먹는 일이 일어났고, 결국 둘 다 죽고 말았다.

그런가 하면 암컷과 수컷의 눈과 날개가 하나씩만 있어서 서로 짝짓지 않으면 도저히 날 수 없는 '비익조(比翼鳥)'라는 새도 있다. 서로를 이해하고, 서로의 결점을 보완하는 상생의 의미를 지닌 새라고 할 수 있다.

"새는 한쪽 날개만으로는 날 수 없다"라는 말이 있다. 편견에 대해서 이보다 더 적확하게 지적한 말은 없을 것이다. 어떤 새도 두 날개를 이용해야만 하늘을 자유롭게 날 수 있다. 그런데 많은 사람이 공명조처럼 무조건 나만 옳다는 어리석음에 빠지곤 한다. 서로를 이해하고, 결점을 보완하려는 관용과 아량, 배려는 어디에도 없다. 그래서는 누구도 살아남을 수 없다. 관용과 아량, 배려가 없는 사회는 새가 한쪽 날개만으로 날 수 없듯, 한 발자국도 앞으로 나갈 수 없기 때문이다.

우리 사회의 장애인에 대한 편견, 남녀차별, 가진 자와 없는 자에 대한 차별, 나아가 사회를 이분법으로 나눠서 보는 태도는 어제오늘의 일이 아니다. 수많은 사람이 오래전부터 그에 대한 문제점을 지적했지만, 여전히 많은 사람이 그 때문에 차별받고 괴로워한다. 심지어 희화화하고 조롱하는 사람도 있다.

그런 문제의 원인은 대부분 편견과 선입견에서 비롯된다. 한마디로 타당성이라고는 전혀 없는 비합리적인 맹신에 지나지 않는 셈이다. 예컨대, 여전히 많은 사람이 장애인을 불쌍한 존재로 생각하고 무조건 도와줘야겠다고 생각하곤 한다. 그것이 잘못된 것은 아니다. 도와줘야 할 사람인 것은 틀림없지만, 불쌍하다고 생각해서는 안 되기 때문이다. 무엇보다도 '나와 다르다'라는 편견과 선입견에서 벗어나서 있는 그대로 그들을 보고, 받아들여야 한다. 또한, 무조건 도와줘서도 안 된다. 그들이 먼저 도움을 요청할 때만 도움의 손길을 내밀고, 그들 스스로 문제를 풀어갈 수 있게 해야 한다. 그것이 진정으로 도와주는 것이다.

자신과는 다른 이념과 가치관을 지닌 사람을 무조건 배척하는 일 역시 매우 흔해지고 있다. 인터넷상에서 이루어지는 댓글이 그 대표적인 예다. 특히 익명이라는 특성상 입에 담을 수도 없는 험한 말이 수시로 오간다. 인격을 비하하는 것은 물론이고 상대를 희롱하는 일 역시 서슴지 않는다. 하지만 세상에 무시해도 좋은 사람은 아무도 없다. 내가 귀하고 중요한 만큼 다른 사람 역시 귀하고 소중한 존재다. 무엇보다도 내가 먼저 다른 사람을 존중하지 않으면 나 역시 존중받을 수 없다.

이념이 다르다고 해서, 가치관이 다르다고 해서 사람을 무시하거나 차별해서는 안 된다. 앞서 말했다시피, 사람의 생각은 틀린 것이 아니라 다른 것일 뿐이다. 어느 사회, 어느 개인이나 그것을 인정하고 받아들여야만 훨씬 성숙해지고, 앞으로 나아갈 수 있다.

이 같은 이분법의 공포를 소설가 이청준은《소문의 벽》에서 다음과 같이 다룬 바 있다.

6·25전쟁이 한참이던 어느 날 밤, 낯선 남자가 전짓불을 들이대며 이렇게 물었다.

"좌냐, 우냐?"

이것만큼 두려운 상황이 또 있을까. 자칫 말을 잘못 말했다가는 목숨이 위협받는 절체절명의 순간이기 때문이다.

알다시피, 미국의 인종 차별 문제는 그 역사가 매우 길고 심각하다. 크게 개선되었다고는 하지만, 여전히 흑인과 유색인종을 폄훼하고 차별하는 일이 멈추지 않고 있다.

스포츠의 인종 차별 역시 마찬가지다. 실례로, 한때 테니스는 백인 남성의 전유물이었다. 흑인과 여성은 아무리 재능이 뛰어나도 경기에 절대 참여할 수 없었다. 그것이 깨진 것은 아서 애시(Arthur Ashe)와 빌리 진 킹(Billie Jean King)에 의해서였다.

아서 애시는 1877년 윔블던 테니스대회가 시작된 이후 인종 차별의 두꺼운 벽을 깨고 우승한 최초의 흑인이다. 사실 그가 태어난 버지니아주는 흑인이 테니스대회에 출전하는 것을 법으로 금지했지만, 그는 그것에 굴복하지 않고 흑인도 테니스를 잘 할 수 있다는 것을 입증했다.

아서 애시가 인종 차별의 벽을 무너뜨렸다면 남녀차별의 벽을 무너뜨린 사람은 빌리 진 킹이다. 단식과 복식을 포함해서 통산 그랜드슬램 타이틀만 39회 차지한 전설 중 전설인 그녀는 1971년 윔블던 우승자 출신인 남자선수 바비 릭스(Bobby Riggs)와 1억 달러 상금이 걸린 남녀 대결에서 3대0으로 완승했을 뿐만 아니라 US오픈 여자선수 우승상금이 남자보다 적은 것에 강력히 항의해서 상금을 똑같게 만들기도 했다. 그런 그녀가 여성들의 워너비가 된 것은 당연하다.

골프 역시 인종 차별을 자행했던 흑역사가 매우 길다. 미국 PGA에는 1934년부터 1961년까지 백인만 참여할 수 있다는 조항이 있었다. 또한, 1975년까지 마스터스 토너먼트에 흑인 선수는 참가할 수 없었다.

중요한 것은 그런 부끄러운 과거에 대해서 누구도 사과하고 용서를 비는 사람이 없다는 것이다. 그저 과거의 실수로만 되돌릴 뿐, 자신의 편견과 선입견이 잘못되었음을 사과하는 사람은 단 한 명도 없었다.

스무 살이 되는 아들에게

갈수록 사회가 내 편과 네 편으로 나뉘고 있다. 비단, 우리 사회만의 문제는 아니다. 대부분 나라에서 똑같은 현상이 일어나고 있다. 생각건대, 이는 갈수록 심화할 것이다. 경제적인 격차에서 오는 좌절감이 극심한 박탈감을 낳기 때문이다. 아무리 열심히 일해도 형편이 나아지지 않는 것만큼 사람을 좌절하게 하는 일은 없다. 희망이 보이지 않으면 사람은 무너진다. 그리고 이는 편견과 차별, 일탈 행위 등으로 나타나고, 어떤 꿈도 꿀 수 없게 한다.

▶▶▶ 노조린(盧照隣)이라는 당나라 시인의 시에 나오는 '비목(比目)'이라 불리는 외눈박이 물고기는, 두눈박이 물고기처럼 보이기 위해 평생 두 마리가 한 마리처럼 붙어 다녔다고 한다. 이렇듯 서로가 서로에게 체온을 나누며 상처를 감싸는 것만큼 아름다운 일은 없다.

한쪽 눈만으로는 세상을 절대 제대로 볼 수 없다. 두 눈을 크게 뜨고 바라봐야만 세상을 제대로 볼 수 있기 때문이다. 그래도 보고 싶은 것만 보는 것이 사람 마음이다. 하물며, 한쪽 눈으로만 본다면 꼭 봐야 할 것을 보지 못하는 것은 물론 실수하는 일 역시 매우 잦을 것이다.

세상의 모든 차별과 편견, 선입견의 '빗장을 푸는 사람'이 되어라. 차별과 편견, 선입견은 우리가 반드시 넘어서야 할 벽이다. 또한, 그것은 언젠가는 반드시 무너지게 되어 있다.

바라건대, 나와 생각이 다르더라도 상대를 이해하고, 관용과 아량 넘치는 마음 넓은 사람이 되어라.

용서에는
진심과 시간이 필요하다

1970년 12월 7일, 폴란드 바르샤바의 유대인 희생자 묘역. 나치 독일에 저항하다가 5만6천여 명의 유대인이 사살되거나 체포된 현장을 방문한 빌리 브란트(Willy Brandt) 서독 총리가 한 유대인의 위령탑 앞에서 애도의 뜻을 표하던 중 갑자기 빗물이 흥건한 차가운 대리석 바닥에 무릎을 꿇었다. 눈에서는 눈물이 흐르고 있었다. 그는 지난날 나치 독일이 보인 씻을 수 없는 잘못을 사과하며, 상처받은 폴란드 국민에게 진심으로 용서를 빌었다. 그의 돌발 행동에 수많은 사람이 당황했지만, TV를 통해 이를 지켜본 사람들은 그가 보인 진심 어린 사과의 눈물과 용기에 박수를 아끼지 않았다. 무엇보다도 용서의 당사자인 폴란드 국민의 얼어붙은 마음을 감동하게 했다.

"용서는 자기 자신에게 베푸는 가장 큰 선물이다."

티베트의 영적 지도자 달라이 라마(Dalai Lama)의 말이다.

용서는 단지 우리에게 상처를 준 사람을 받아들이는 것만을 의미하지 않는다. 그것은 그들을 향한 미움과 원망의 마음에서 자기 자신을 놓아주는 일이기도 하기 때문이다. 그래서 달라이 라마는 용서를 일컬어 자신에게 베푸는 가장 큰 선물이라고 했다.

용서는 분노와 증오라는 지옥에서 탈출하는 비상구이기도 하다. 분노와 증오는 상대가 아닌 자신을 가장 먼저 망가뜨리기 때문이다. 하지만 용서하면 마음이 가벼워진다.

중요한 것은 용서가 말처럼 쉽지만은 않다는 점이다. 용서하려면 사과하기만큼이나 용기가 필요하다. 그 때문에 정말 용기 있고 강한 사람만이 용서할 수 있다.

미국 선교사 스티브 세인트(Steve Saint)의 실제 경험을 담은《창끝》이라는 영화가 있다. 아버지를 죽인 원수를 용서하는 이야기다.

스티브의 아버지 네이트 세인트(Nate Saint)는 아마존 정글에 사는 아우카족에게 복음을 전하는 선교사다. '아우카'란 야만인이라는 뜻으로, 부족의 원래 이름은 '와오다니(Waodani)'였다. 그들은 같은 부족끼리도 창으로 찔러 죽일 만큼 매우 잔인하기로 유명했다. 그러다 보니 그들에게 다가가는 것은 매우 위험했다.

스티브의 아버지 역시 처음에는 그것이 걱정되어서 비행기에서 먹을 것 등을 바구니에 담아 내려보내다가 어느 정도 친해지고 난 후에야 그들과 직접 만날 수 있었다. 그러다가 부족 내에서 일어난 갈등으로 인해 그만 죽임을 당하고 만다.

얼마 후 어린 스티브는 엄마와 함께 정글을 찾았다. 엄마는 남편을 죽인 그들을 이미 용서했지만, 스티브는 아버지의 죽음에 얽힌 사정을 전혀 알지 못했다. 그런 두 사람을 향해 와오다니 부족은 서서히 마음을 열었고, 결국 가족으로 받아들인다. 그렇게 해서 스티브는 한 아저씨로부터 창던지기는 물론 화살 총 쏘기, 창으로 물고기 잡는 법 등을 배우면서 즐겁게 보내다가 학업을 위해 다시 미국으로 떠난다.

세월이 흘러, 공부를 마친 스티브는 다시 와오다니 부족을 찾고, 고향에 돌아온 듯 금방 옛 친구들과 즐겁게 어울린다. 그러다가 우연히 아버지의 죽음에 얽힌 비밀을 알게 된다. 놀라운 것은 아버지를 죽인 사람이 어린 시절 그에게 창던지기와 화살 총 쏘기 등을 가르쳐준 아저씨였다는 것이다. 그는 자기 잘못을 스티브에게 솔직하게 말하며, 자신을 죽여달라고 한다. 하지만 스티브는 그를 죽이는 대신 아버지와 어머니가 그랬던 것처럼 그를 용서한다.

과연, 이 세상에 자기 아버지를 죽인 사람을 용서할 수 있는 사람은 얼마나 될까. 생각건대, 대부분 사람에게는 도저히 불가능한 일일 것이다. 그런데도 달라이 라마는 우리에게 상처를 준 사람들을 용서해야 한다고 말한다. 용서야말로 고통을 이겨내고 인내심을 키우는 가장 위대한 마음의 수행이자 상처를 치유하는 가장 좋은 치료제이기 때문이다.

영국의 철학자 버트런드 러셀(Bertrand Russell) 역시 그와 비슷한 말을 했다.

"용서하는 것이 용서받는 것보다 낫다. 그러므로 우리는 끊임없이 용서해야 한다. 그럼으로써 우리 자신도 누군가로부터 또는 신으로부터 용서받을 수 있다."

하지만 누구나 용서받을 수 있는 것은 아니다. 자기 잘못을 끝까지 인정하지 않는 아주 뻔뻔한 사람도 적지 않기 때문이다. 잘못을 알면서도 인정하기 어려운 이유는 헛된 자존심과 두려움 때문이다. 잘못을 인정하는 순간, 자존심이 망가지고, 자신이 무너질지도 모른다는 생각이 용서를 비는 것을 가로막는 것이다. 그러다 보니 자꾸 변명을 늘어놓고 핑곗거리만 찾는다. 잘못을 감추기 위해 거짓말을 하게 되고, 거짓말이 더 큰 거짓말을 낳는 셈이다. 과연, 이런 사람들을 무조건 용서해야 할까. 또 그것이 과연 옳은 일일까.

빌리 브란트 수상의 이야기에서 알 수 있다시피, 자기 잘못과 실수를 진심으로 깨닫고 뉘우치는 사람만이 용서받을 수 있다. 그래도 용서하기가 어려운 것이 사람 마음이다. 특히 마음에 깊은 상처를 남긴 일일수록 용서하기가 더욱더 힘들다. 모든 사람이 달라이 라마나 스티브 세인트 선교사처럼 무조건 용서해야 한다는 종교인으로서의 사명을 지닌 것은 아니기 때문이다. 그런데도 그들에게 자꾸 용서하라고 강요하는 것은 그들의 상처만 덧나게 할 뿐이다.

용서는 오로지 피해자의 몫이다. 제삼자가 권유하거나 강요해서는 절대 안 된다. 그것은 진정한 용서가 아니기 때문이다. 진심이 담긴 사과와 뉘우침이 있고, 피해자의 상처가 아물 때라야만 진정한 용서가 가능하다. 그런 점에서 볼 때 용서에는 진심과 시간이 필요하다.

▶▶▶ 누구나 살면서 상처받기도 하고, 누군가에게 상처 주기도 한다. 그렇지 않은 사람은 거의 없다. 하지만 그것을 제대로 아는 사람은 거의 없다. 특히 대부분 사람이 자기 말과 행동이 누군가에게 상처를 줬다고는 미처 생각하지 못한다. 잘못된 습관으로 인해 아무 생각 없이 말하고 행동하는 경우가 대부분이기 때문이다. 분명 상처받은 사람은 있는데 상처 준 사람은 자신의 실수와 잘못을 깨닫지 못하는 셈이다.

용서는 우리가 바꿀 수 없고, 잊을 수 없는 과거의 상처와 잘못을 치유하는 유일한 방법이다. 또한, 용서는 쓰라린 기억을 감사의 기억으로, 비겁한 기억을 용기 있는 기억으로 바꾼다.

버트런드 러셀의 말마따나, 용서받는 사람보다 용서하는 사람이 되어야 한다. 그래야만 너 역시 무심코 실수하거나 잘못했을 때 용서받을 수 있다. 아울러, 누군가에게 잘못한 일이 있다면 진심으로 사과해야 한다. 진심이 담기지 않은 사과는 상대를 우롱하는 일이기 때문이다. 그런 사람은 아마 나부터도 용서하기가 쉽지 않을 것이다.

용기가 필요한 사람에게 용기를,
희망이 필요한 사람에게 희망을 주어라

"혼자 고상하게 사느니 사람들과 함께 걸어가라. 주위 사람들이 모두 미쳤다면 같이 미치는 것이 좋다. 자기 혼자 세상에 정면으로 맞서는 사람은 이상한 사람으로 보이기 때문이다. 세상의 흐름에 맞추어 물 흐르듯 살아야 한다. 때로는 지혜가 없거나, 그런 척하는 사람이 가장 지혜로운 사람이다. 신에 버금갈 만큼 뛰어난 사람이나 야만인이 아니고서는 절대 혼자서 살 수 없다. 또 혼자만 어리석은 사람이라고 손가락질받기보다는 다른 사람과 더불어 사는 것이 훨씬 좋다. 이 세상에는 현자처럼 고고하게 살아가는 듯 보이지만, 알고 보면 엉뚱한 망상에 사로잡힌 바보 같은 사람이 매우 많다. 고고함을 버리고 사람들과 함께 발맞춰 걸어가라."

흔히 '염세주의 철학자'로 불리는 독일의 철학자 쇼펜하우어(Arthur

Schopenhauer)가 《세상을 보는 지혜》 중 〈나를 만들어가는 지혜〉에서 한 말이다.

누구도 혼자서 살 수는 없다, 서로 돕고 의지하면서 살아야 한다. 도움이 필요한 사람은 돕고, 힘든 일이 있으면 괴로워하지 말고 다른 사람에게 적극적으로 도움을 요청해야 한다. 그런데 만일 서로에 대한 믿음, 즉 신뢰가 없다면 어떻게 될까. 누구도 선뜻 도움의 손길을 뻗으려고 하지 않을 것이 틀림없다. 생각건대, 그보다 슬픈 일은 없을 것이다.

무신불립(無信不立). '신뢰가 없으면 나라가 바로 설 수 없다'라는 뜻이다. 《논어》에 나오는 이 말은 사람이 사는 데 있어서 신뢰가 얼마나 중요한지 잘 말해준다. 그만큼 신뢰는 인간관계의 기본원리요, 사회 존립의 핵심이다. 예컨대, 인간관계에서 신뢰가 한 번 무너지면 누구도 그 사람과 더는 관계를 맺으려고 하지 않는다. 조직 역시 마찬가지다. 거짓말을 일삼는 조직을 신뢰하는 사람은 없다. 이와 관련해서 유명한 이야기가 하나 있다.

상앙(商鞅)은 중국을 최초로 통일한 진(秦)나라의 토대를 다진 인물이다. 그가 진나라 재상으로 부임했을 때의 일이다. 백성들에게 무슨 말을 해도 그것을 믿고 따르는 사람이 없었다. 나라의 기강이 무너졌기 때문이다. 그 원인은 나라에 대한 불신에 있었다. 이를 해결하지 않고는 어떤 일도 하기가 쉽지 않을 것으로 생각한 상앙은 궁궐 앞에 나무를 세우고, 나무를 옮기는 사람에게 백금을 주겠고 했다. 하지만 그것을 옮기려는 사람은 아무도 없었다. 상금을 천금으로 올렸지만, 역시나 누구도 그 것을 옮기려고 하지 않아서 다시 상금을 만금으로 올렸다. 그러자 어떤 사람이 상금은 전혀 기대하지 않고 장난삼아 나무를 옮겼는데, 정말 만 금을 주었다. 그때부터 진나라는 백성들의 신뢰를 회복했고, 부국강병 을 이루어 중국을 최초로 통일하는 과업을 이루었다.

'불신의 시대'다. 매일같이 쏟아지는 가짜 뉴스, 남녀노소 할 것 없이 무차별적으로 낚아대는 보이스피싱, 무책임하고 말 같지 않은 말들이 넘쳐난다. 그러다 보니 적지 않은 사람이 도대체 누구를, 무엇을 믿어야 할지 모르겠다며 인간관계에 대한 어려움을 호소하곤 한다. 그들 중에 는 얄팍한 인간관계에 대한 허기를 소셜네트워크서비스(SNS)로 달래는 사람도 있다. 하지만 그 역시 근본적인 해결책은 아니다. 문제의 해법은 신뢰를 회복하는 데 있기 때문이다. 즉, 아이러니하게도 이럴 때일수록 더욱더 '신뢰'가 필요한 셈이다. 생각건대, 이런 현상은 갈수록 더욱 심해 질 것이다. 그렇다면 누구나 믿고 의지하는 사람이 되려면 어떻게 해야 할까.

누구나 믿고 의지하는 사람이 되려면 말과 행동이 일치해야 한다. 즉, 말과 행동이 한결같아야만 다른 사람들의 신뢰를 얻을 수 있다. 또한, 부 정적인 사람보다는 긍정적인 사람이 되어야 한다. 이 세상에 부정적인 사람을 좋아하는 사람은 없다. 사람과 사물, 세상에 대한 삐뚤어진 시각 과 부정적인 인식은 옆에 있는 사람조차 불안하고 기분 나쁘게 하기 때문이다. 그런 점에서 니체가 《즐거운 지식》 중 〈새해에는〉에서 한 말은 깊은 깨달음을 준다.

"나는 사물에 있어서 필연적인 것을 아름답게 보는 법을 더욱더 배우고자 한다. 나는 사물을 아름답게 만드는 사람 중 한 명이 될 것이다. 운명애, 그것이 나의 사랑이 될 것이다. 나는 추한 것과 싸우지 않을 것이다. 나는 비난하지 않을 것이다. 비난하는 사람을 비난하는 것조차 하지 않을 것이다. 눈길을 돌리는 것이 나의 유일한 부정이 될 것이다. 나는 언제나 긍정하는 사람이 되고자 한다."

나를 비난하는 사람조차 비난하지 않겠다니, 이보다 더 아름답고 숭고한 다짐이 또 어디 있을까. 생각건대, 그런 사람을 싫어하는 사람은 없을 것이다.

아닌 게 아니라 다른 사람을 비난하는 일은 절대 삼가야 한다. 그것은 사람들을 내게서 멀어지게 하는 일이기 때문이다. 만일 도저히 마음이 맞지 않는 사람이 있다면 차라리 모르는 척하는 것이 좋다. 모든 사람과 친해질 필요는 없기 때문이다.

누구나 믿고 의지할 수 있는 사람이 되려면 생각 역시 유연해야 한다. 그래야만 변하는 상황에 맞춰 빠르게 대응할 수 있기 때문이다. 더욱이 신뢰만 강조하다가는 '미생지신(尾生之信)'의 어리석음을 범할 수도 있다. 인의(仁義)를 강조한 공자와 맹자 같은 성현이 제왕들에게 쓰임을 받지 못한 이유 역시 바로 거기에 있다.

알다시피, 현실은 원칙대로만 절대 이루어지지는 않는다. 그러다 보니 원칙을 고수하면 실패할 것을 알면서도 현실을 외면하기도 한다. 미생지신의 어리석음을 범하는 셈이다. 하지만 현실을 무시하고 원칙만을 고집하면 '꽉 막힌 답답한 사람'이라는 소리를 듣기에 십상이다. 따라서 원칙을 고수하되, 상황에 따라서는 현실을 적극적으로 고려할 줄도 알아야 한다.

끝으로, 누구나 믿고 의지할 수 있는 사람이 되려면 다가올 위험을 예측하고, 대책을 세울 줄도 알아야 한다. 문제는 그것이 말처럼 쉽지 않다는 것이다. 대부분 위기에 직면해서야 그 필요성을 절감하기 때문이다. 하지만 그때는 이미 늦다.

▶▶▶ 용기가 필요한 사람에게는 용기를, 희망이 필요한 사람에게는 희망을 주는 사람이 되어라. 그러자면 말 한마디도 신중하게 해야 한다. 말이 많은 사람일수록 실수도 잦은 법이다. 그런 사람은 절대 신뢰받을 수 없다. 또한, 자기가 한 말에 대해서 책임지고 실천하는 모습을 보여야 한다. 거기에 진정성이 따르면 더욱더 좋다. 진정성 있는 모습을 보일 때 사람들의 공감을 끌어내고, 감동하게 할 수 있기 때문이다. 생각건대, 그런 사람을 믿고 따르지 않는 사람은 아마 없을 것이다.

고개를 숙이면 부딪칠 일이 없다

잘 익은 벼일수록 고개를 깊이 숙인다. 벼가 고개를 숙이는 이유는 텅 비어서가 절대 아니다. 빈틈없이 가득 찼기 때문이다. 설익은 벼는 고개를 절대 숙이지 않는다. 고개를 치켜든 채 으쓱댈 뿐이다.

사람 역시 마찬가지다. 자기 안에 든 것이 많은 사람일수록 고개를 숙이는 데 익숙하다. 다른 사람에게 잘 보이려고 그러는 것이 절대 아니다. 거기에는 힘든 삶을 이기며 사는 이들을 존중하는 마음이 담겨 있다.

잘난 사람과 못난 사람의 차이가 있다면 그것은 아마 '겸손'일 것이다. 정말 잘난 사람은 자신이 잘났다고 생각하지 않는다. 항상 부족하다고 여기며 다른 사람을 존중하고 본받으려고 한다. 하지만 못난 사람은 그렇지 않다. 항상 자신이 최고라고 여기며 다른 사람들을 무시한다.

너라면 과연 어떤 사람과 더 함께하고 싶겠니? 누구나 나를 존중하고,

겸손한 사람과 함께하고 싶은 것이 인지상정이다. 그런 점에서 볼 때 겸손은 사람을 머물게 하는 힘이 있다.

굴신제천하(屈臣制天下). 《삼국지》의 주인공 중 한 명인 유비(劉備)를 인급할 때 자주 하는 말로, '신하에게 허리를 굽힘으로써 천하를 다스린다'라는 뜻이다. 생각건대, 만일 유비가 조조(曹操)처럼 권모술수에 능하고, 자신만 아는 사람이었다면 우리가 아는 《삼국지》는 아마 없을 것이다.

알다시피, 젊은 날의 유비는 실패를 거듭했던 매우 유약한 인물로 자신을 도울 사람을 찾아가서 몸을 의탁하는 후안무치한 모습을 보이기도 했다. 리더십이라고는 전혀 찾아볼 수 없는 무능한 리더의 전형이었던 셈이다. 그런데도 그가 중국 역사상 최고의 지략가로 추앙받는 제갈량(諸葛亮)을 책사로 삼고, 관우(關羽), 장비(張飛), 조자룡(趙子龍) 같은 뛰어난 장수들의 존경을 받을 수 있었던 이유는 따뜻한 인품 때문이었다.

유비의 사람됨을 알 수 있는 유명한 일화가 하나 있다. 훗날 촉의 오호대장군(伍虎大將軍, 촉한의 다섯 명장인 관우, 장비, 마초, 황충, 조자룡)이 되어 큰 공을 세운 마초(馬超)와의 사이에 있었던 일이다. 귀족 출신인 마초는 장로(張魯)의 모함으로 인해 유비에게 투항하기는 했지만, 단 한 번도 그를 군주로 생각하지 않았다. 겉으로는 복종했지만, 마음은 여전히 그를 적대시했기 때문이다. 이에 유비를 '현덕공(玄德公)'이라고 부르며 관우와 장비의 화를 돋우곤 했다. 하지만 정작 당사자인 유비는 그것을 전혀 신경 쓰지 않았다. 오히려 관우와 장비를 구슬리며, 끝까지 예로써 마초를 대했다. 결국, 그 모습에 감동한 마초는 호칭을 바꾸고, 유비를 군주로 섬기게 되었다.

유비의 이름 '비(備)'에는 두 가지 뜻이 담겨 있다. '근신하며 준비한다'라는 것과 '모두 갖추었다'라는 것이 바로 그것이다.

말했다시피, 그는 실패를 통해 성장했다. 수많은 실패를 통해 자신의 한계를 배웠고, 자신을 낮추는 법을 스스로 터득했다. 만일 그가 자신보다 스무 살이나 어릴 뿐만 아니라 초야에 묻혀 농사나 짓던 제갈량 앞에서 자존심만 내세웠다면 그의 마음을 절대 얻지 못했을 것이며, 그의 삶역시 달라지지 않았을 것이다. 하지만 그는 원하는 것을 얻으려면 자존심쯤은 버리고, 고개 숙일 줄 알아야 한다는 혜안을 갖고 있었다. 이것이 바로 짚신 장수에 불과하던 그가 최고의 강자 조조를 이길 수 있었던 비결이자, 수많은 리더가 그를 배우려고 하는 이유다.

'계영배(戒盈盃)'라는 신비한 술잔이 있다. 이 술잔은 술을 7할 이상 부으면 이미 부은 술마저 넘친다고 한다. 우리가 어떤 그릇에 물을 채우려고 할 때 지나치게 채우면 곧 넘치는 이치와도 같다. 절제와 겸손을 가르치는 신비한 술잔인 셈이다.

조선 후기 거상(巨商) 임상옥은 이 계영배로 욕심을 다스리면서 수많은 재산을 모았다. 하지만 그가 사람들에게 존중받은 이유는 따로 있다.

그는 말년에 이르러 힘들게 모은 재산을 모두 사회에 환원하고, 채소밭을 일구며 여생을 보냈다. 재물을 모으되, 그것에 집착하지 않고, 어떻게 쓸 것인가를 한순간도 잊지 않은 것이다.

나는 그런 이야기를 접할 때마다 '과연, 나라면 그렇게 할 수 있을까?'라며 나 자신에게 묻곤 한다. 힘들게 고생해서 모은 재산을 아무런 대가도 바라지 않고 사회에 환원한다는 것은 아무나 할 수 있는 일이 아니기 때문이다. 항상 넘침을 경계하고, 겸손이 몸에 밴 사람만이 할 수 있는 일일 것이다.

겸손으로 가는 문은 아주 낮고 좁다. 따라서 누구나 몸을 깊이 숙여야만 그 문을 통과할 수 있다. 중요한 것은 그렇게 하는 것이 자신을 낮아지는 게 하는 것이 아니라 더욱 높아지게 한다는 것이다. 그런 점에서 볼 때 진정으로 용기 있고 강한 사람만이 겸손할 수 있다. 그래서 유비를 약한 사람이 아닌 강한 사람이라고 하는 것이다.

테레사 수녀가 인도의 가난한 마을에서 다친 아이들을 돌볼 때의 일이다. 평소에 그녀를 못마땅해하던 부자가 거드름을 피우며 이렇게 물었다.

"수녀 님, 수녀 님은 저처럼 부자나 지위가 높은 사람을 보면 정말 부러운 마음이 전혀 들지 않나요? 정말 지금의 삶에 만족하세요?"

그러자 테레사 수녀는 그를 향해 미소를 지으며 이렇게 말했다.

"섬기는 사람은 위를 쳐다볼 시간이 없답니다."

그 말에 부끄러움을 느낀 부자는 더는 고개를 들지 못하고 줄행랑을

치고 말았다.

▶▶▶ 세상에서 가장 강한 사람은 힘이 센 사람도, 지위가 높은 사람도 아니다. 큰 부자나, 지위가 높은 사람도, 학식이 높은 사람도 아니다. 세상에서 가장 강한 사람은 도와주는 사람이 많은 사람이다. 아무리 돈이 많고, 지위가 높고, 배운 것이 많은 사람도 돕는 사람이 많은 사람은 절대 이길 수 없다. 많은 사람이 잘되기를 바라고, 쓰러지지 않기를 응원하는 사람은 어떤 일이 있어도 쉽게 무너지지 않기 때문이다.

그런 사람이 되려면 자신은 낮추고, 다른 사람은 존중해야 한다. 즉, 겸손해야 한다. 그만큼 겸손은 사람을 불러모으고 곁에 머물게 한다.

욕심은 멀리하고, 겸손은 늘 가까이하는 사람이 되어라. 무릇, 고개를 숙이면 부딪칠 일이 없다.

스무 살이 되는 아들에게

앞모습도,
뒷모습도 아름다운 사람이 되어라

'아시타비(我是他非)'라는 사자성어가 있다. '나는 옳고, 다른 사람은 그르다'라는 뜻으로, 똑같은 상황을 두고 자기 자신에게는 한없이 너그럽고, 다른 사람은 비판하거나 비난하는 것을 비유하는 말이다. 흔히 말하는 '내가 하면 로맨스, 남이 하면 불륜'이라는 뜻을 가진 '내로남불'과 같은 의미라고 할 수 있다.

그리스 신화에도 그와 비슷한 말이 있다. '프로크루스테스의 침대(The Bed of Procrustes)'라는 말이 바로 그것으로, 자신의 원칙이나 기준을 타인에게 일방적으로 강요하는 자기중심적인 사람을 일컬을 때 쓰는 말이다.

프로크루스테스는 아티카 지방의 강도로 지나가는 사람들을 붙잡아 집에 데려가서 자신의 침대에 눕힌 후 침대보다 크면 몸을 자르고, 침대보다 작으면 몸을 잡아 늘여서 죽일 만큼 잔인했다. 하지만 그런 그 역시 바다의 신 포세이돈의 아들 테세우스에 의해 최후를 맞고 말았다.

'아시타비'와 '내로남불', '프로크루스테스의 침대'는 자기주장에만 빠져서 다른 사람은 전혀 배려하지 않는 행태를 꼬집는 말이다. '나만 옳다'라는 독불장군에게 미래가 없듯, 다른 사람을 배려할 줄 모르는 사회에는 희망이 없다.

아는 사람 중에 길을 가다가 다른 사람이 앞을 지나가면 무조건 걸음을 멈추는 사람이 있다. 서로 부딪치는 것을 막기 위해서다. 그에 의하면, 처음에는 낯설었지만, 지금은 습관처럼 몸에 배어서 자기도 모르게 그렇게 한다고 했다.

그와 어느 날 거리를 걷고 있을 때였다. 갑자기 그가 걸음을 멈추기에 뒤돌아보니, 생수를 배달하는 사람에게 살짝 고개 숙이면서 가만히 서 있었다. "무슨 일이냐?"라고 묻자, 그는 이렇게 말했다.

"생수 배달하는 분이 나보다 바빠 보여서 먼저 가시라고 했어."

아주 잠깐이었지만, 그 모습이 내 마음을 크게 흔들었다. 그에 대한 모든 서운한 감정은 사라지고, 그가 마치 숭고한 사람처럼 보였다.

참된 배려란 이런 것이 아닐까. 다른 사람에게 잘 보이려고 일부러 하는 행동이 아닌 몸에 배어서 자신도 모르게 저절로 나오는 따뜻한 마음 말이다.

배려하는 사람이 되려면 따뜻하고 넓은 마음으로 세상을 바라봐야 한다. 차갑고 마음이 좁은 사람은 다른 사람을 배려할 수 없다. 그런 사람의 마음속에는 욕심과 이기심이 가득하기 때문이다. 욕심과 이기심은 우리를 불행하게 할 뿐 행복하게 하지 못한다. 그와 관련된 이야기가 하나 있다.

아프리카의 어떤 부족은 전혀 힘들이지 않고 원숭이를 사냥한다. 속을 파낸 나무에 원숭이가 손바닥을 폈을 때 겨우 들어갈 만큼 아주 작은 구멍을 뚫거나, 그와 비슷한 구멍을 낸 항아리를 원숭이가 자주 다니는 길목에 놓아두는 것이 전부다. 물론 그 안에는 원숭이가 좋아하는 바나나를 넣어둔다. 그러면 바나나 냄새를 맡은 원숭이는 손을 넣어서 바나나를 통째로 빼내려고 하지만, 절대 바나나를 먹을 수 없다. 그 구멍에서 손을 빼낼 수 없기 때문이다. 바나나를 움켜쥔 손만 펴면 얼마든지 구멍에서 손을 쉽게 빼낼 수 있지만, 바나나에 대한 욕심이 그것을 가로막는다. 그 결과, 산 채로 사람들에게 사로잡히고 만다.

욕심과 이기심은 채울수록 더 많이 늘어나게 되어 있다. 아닌 게 아니라 우리는 항상 채우고, 위로 올라가는 데만 익숙할 뿐 내려오는 데는 익숙하지 않다. 더 넓고 좋은 집, 더 좋은 자동차, 더 편안한 삶, 더 많은 연봉 등등…. 하지만 올라가면 내려와야만 하는 것이 삶의 이치이고 자연의 법칙이다. 또한, 가득 채웠으면 비워야만 한다. 그래야만 다시 채울 수 있기 때문이다.

▶▶▶ "빨리 가려면 혼자 가고, 멀리 가려면 함께 가라"라는 아프리카 짐바브웨의 속담이 있다. 멀리 가려면 사막을 지나고, 맹수들을 피해서 가야 하는데, 동반자 없이는 불가능한 데서 나온 말이다. 생각건대, 우리 삶을 표현하는데 있어서 이보다 더 적절한 말은 없을 것이다. 어떤 삶을 살든지 간에 같은 목적을 지닌 동반자가 있는 것이 좋다. 서로의 경험을 합치면 그만큼 실수를 줄일 수 있을 뿐만 아니라 목적지까지 크게 헤매지 않고 갈 수 있기 때문이다. 또한, 살다 보면 혼자서는 절대 해결할 수 없는 일이 많다. 그러니 혼자서는 더욱더 멀리 갈 수 없다. 굳이 멀리 가지 않더라도 다른 사람과 함께하는 삶을 살아야 한다. 독불장군처럼 자기 주장만 내세우고, 욕심과 이기심에 빠져서 살면 도움이 필요한 순간 누구도 손을 내밀지 않는다. 외톨이가 되는 것이다.

마음속에 다른 사람을 배려하고, 도움이 필요한 사람을 외면하지 않는 작은 방을 만들어라. 그러면 삶이 조금은 더 행복하고 즐거워질 것이다. 앞모습 못지않게 뒷모습도 아름다운 사람이 되어야 한다.

스무 살이 되는 아들에게

말은 곧 인격, 나를 빛나게 하는 말을 해라

오늘 하루 너는 어떤 삶을 살았니? 혹시 어제와 똑같은 일상이 지겹지는 않았니?

많은 사람이 매일 반복되는 삶을 몹시 지루해한다. 단순하고, 변화라고는 없는 일상에 싫증을 느끼기 때문이다. 그런 삶을 만든 당사자가 바로 자기 자신이란 사실은 깨닫지 못한 채 말이다.

그럴 일은 없겠지만, 만일 네가 그런 삶을 살고 있다면 한 가지 해법이 있다. 바로 '감사 일기'를 쓰는 것이다. 매일 감사한 일을 일기에 적어 보렴. 단조롭고, 지루한 일상이 바뀌는 것은 물론 과거의 불행한 기억으로부터도 쉽게 벗어날 수 있다.

미국 캘리포니아주립대학 데이비스캠퍼스 심리학과 로버트 에몬

스(Robert Emmons) 교수와 마이애미대학 심리학과 마이클 맥컬로우(Michael E. McCullough) 교수가 감사하는 마음이 삶에 어떤 영향을 미치는지에 대해서 흥미로운 실험을 했다.

두 교수는 실험 그룹을 세 그룹으로 나눈 후 첫 번째 그룹은 기분 나쁜 일, 두 번째 그룹은 감사한 일, 세 번째 그룹은 일상적인 말과 일을 일주일 동안 하게 했다. 그 결과, 두 번째 그룹, 즉 감사한 말과 일에 집중한 그룹이 가장 행복해하는 것으로 나타났다. 그 후 두 교수는 그들을 대상으로 1년 동안 심리 조사를 했는데, 대부분 삶을 바라보는 태도가 긍정적으로 바뀌었을 뿐만 아니라 스트레스는 적게 받고, 좌절도 적게 겪고, 어려움 역시 다른 사람들보다 쉽게 극복했다. '감사의 힘'을 여실히 증명한 셈이다.

많은 사람이 '감사하다'라고 말하는 데 매우 인색하다. 오죽하면 니체 역시 "인간은 감사함을 표현하는 법을 배워야 한다"라고 말했을 정도다.

"인간은 경멸을 배우는 것 못지않게 감사를 표현하는 법을 배워야 한다. 새로운 길을 걷고, 많은 사람을 새로운 길로 이끌었던 이들은 사람들이 감사를 표현하는 데 있어서 얼마나 서툴고 형편없는지를 알고는 깜짝 놀라고는 한다. 그만큼 대부분 사람은 감사하는 마음을 거의 표현하지 않거나, 표현하는 법이 매우 서투르다. 그래서 감사를 표현하고자 할 때 말이 막히거나, 헛기침하며, 심지어 침묵하기도 한다."

니체의 《즐거운 지식》 중 〈감사를 표현하는 법을 배워야 한다〉에 나오는 말이다.

스무 살이 되는 아들에게

감사는 다른 사람을 인정하는 일이자, 나를 높이는 지혜이다. 그만큼 '감사하다'라는 말 한마디의 힘은 크고 세다.

때로는 아무렇지 않게 한 말 한마디가 사람 마음을 움직이기도 하고, 사람 마음을 완전히 돌아서게 하기도 한다. 우리 속담에 "말 한마디로 천 냥 빚을 갚는다"라는 말이 있듯이, 어떤 말은 우리를 매우 기쁘게 하지만, 어떤 말은 우리의 입과 마음을 닫게 하기 때문이다. 그러니 말 한마디도 신중하게 하되, 이왕이면 사람 마음을 움직이는 말을 할 줄 알아야 한다. 그래야만 어떤 상대라도 내 편으로 만들 수 있다.

단, 한 가지 주의할 점이 있다. 똑같은 말이라도 뉘앙스에 따라서 듣는 사람에게 전해지는 효과가 크게 다를 수 있다는 점이다. 예컨대, "수고했어, 네 덕분에 일이 잘 풀렸어"라고 하는 사람과 "내가 도와주지 않았으면 어쩔 뻔했어?"라고 하는 사람이 있다고 하자. 과연, 너라면 어떤 사람과 더 일하고 싶겠니? 전자가 사람의 기분을 좋게 하는 것이라면, 후자의 말은 '괜히 도와줬다'라는 생각이 들게 한다. 그러다 보니 대부분 사람은 후자보다는 전자의 말을 하는 사람을 훨씬 좋아하고 신뢰한다.

말은 습관이다. 그러니 연습하고, 또 연습해서 다른 사람을 배려하고 신뢰할 수 있는 말이 자연스럽게 나올 수 있도록 해야 한다.

사회생활을 하다 보면 낯선 사람들과 자주 만난다. 처음 만나는 사람들은 대부분 긴장한 상태에서 상대에 대한 경계심을 늦추지 않는다. 그것을 풀려면 상대가 친근함, 즉 호감을 느끼게 해야 한다. 이와 관련해서 미국 심리학자들이 재미있는 실험을 했다.

선거를 앞두고, 한 라디오 방송 프로그램에서 세 명의 후보를 각각 다음과 같이 소개했다.

첫 번째 후보는 정치가로서의 뛰어난 자질과 우수한 스펙에 대해서 소개했고, 두 번째 후보는 화려한 정치 경력과 뛰어난 능력을 다루었다. 반면, 세 번째 후보는 자녀를 사랑하고, 아내와 쇼핑을 즐기며, 매일 개를 데리고 산책한다는 등 사생활에 초점을 맞추어 소개했다. 세 후보 중 과연 누가 선거에서 승리했을까?

대부분 능력과 실력을 앞세운 첫 번째 후보나 두 번째 후보가 승리했을 것으로 예상할 것이다. 하지만 선거 결과는 우리의 예상과는 크게 달랐다. 사생활에 초점을 맞춰 소개한 후보가 압도적으로 승리했기 때문이다. 사람들은 왜 스펙과 능력, 정치 경력이 뛰어난 후보가 아닌 그를 선택했을까?

자신과 다르지 않은 그의 삶에 크게 호감을 느꼈기 때문이다. 심리학에서는 이를 '프라이버시 효과(Privacy Effect)'라고 하는데, 위 실험 결과는 사생활을 이야기하는 것만큼 사람들에게 호감을 얻는 좋은 방법은 없다는 것을 말해준다. 높은 스펙도, 화려한 경력도, 뛰어난 능력도 사람들에게 다가가는 데 있어서 사생활을 이야기하는 것보다는 효과적이지 못한 셈이다.

물론 처음 만난 사람에게 지극히 사적인 이야기를 늘어놓는 것이 조금

민망하기도 하고, 불편한 것은 사실이다. 잘못하면 가볍고 미덥지 못한 사람이라는 인상을 심어줄 수도 있기 때문이다. 더욱이 상대가 고지식하고 냉정한 사람일수록 개인사를 털어놓는 것을 더욱 주저하게 된다. 하지만 발언 수위만 잘 조절하면 서로 민망하지 않고 첫 만남을 매끄럽게 하는 훌륭한 윤활유가 될 수 있다.

그렇다고 해서 처음 만난 사람 앞에서 일기장을 줄줄 읊듯이 사생활을 조목조목 나열할 필요까지는 없다. 그저 누구나 공통으로 느끼는 이야기만으로도 충분하다. 예컨대, 날씨나 취미 생활, 가족, 친구들에 관한 이야기는 사적이지만, 누구나 공감하는 주제다.

그런가 하면 아무리 옳은 말이라도 처음부터 끝까지 듣기 싫은 말이 있는가 하면, 우스갯소리라도 가슴에 꽂히면서 마음을 흔드는 말이 있다. 그 차이는 바로 얼마만큼 가슴에 와 닿느냐는 것이다. 그런 점에서 볼 때 말에는 '진심'이 담겨야 한다.

말에 진심이 담기지 않으면 아무리 많은 말을 해도 의도했던 목적을 달성할 수 없을 뿐만 아니라 상대 역시 그 말에 전혀 주목하지 않는다. 상대의 마음과 감정, 상황을 전혀 고려하지 않기 때문이다. 반면, 진심이 담긴 말은 단 한마디만으로도 상대의 마음을 사로잡을 수 있다. 또한, 다른 사람과 대화할 때는 단점보다는 장점을 봐야 한다. "칭찬은 고래도 춤추게 한다"라는 말이 있듯, 칭찬은 서로의 관계를 한층 더 가깝게 만들기 때문이다. 칭찬할 게 없는 사람은 없다. 그러니 아무리 사소한 것이라도 상대를 칭찬해라. 그러면 제아무리 굳게 닫힌 상대의 마음도 활짝 열릴 것이다.

그렇다고 해서 칭찬이 모든 것을 해결하는 '만능열쇠'라고 생각해서는 안 된다. 칭찬은 '양날의 칼'이다. 적당히 하면 더없이 좋은 약이지만, 지나치면 오만과 독선에 빠지게 할 수도 있기 때문이다. 주위 사람들이 보기에도 좋지 않다. 아부로 보일 수도 있기 때문이다. 따라서 칭찬을 할 때는 적당한 선을 지켜야 한다. 아울러 칭찬이 독이 아닌 약이 되려면 '능력'이 아닌 '노력'을 칭찬해야 한다. 즉, 일의 결과가 아닌 일에 대한 그 사람의 열정과 태도를 칭찬해야 한다. 그런 칭찬은 아무리 해도 지나치지 않다.

불필요한 말 역시 삼가야 한다. 말을 많이 하는 사람일수록 실수가 잦기 마련이다. 또한, 그것은 습관이 된다. 그러니 필요하지 않은 말은 가능한 한 하지 않는 습관을 지녀야 하는데, 이때 도움이 되는 것이 바로 스님들의 '묵언 수행'이다. 처음에는 답답하겠지만, 익숙해지면 그보다 좋은 것이 없다. 말을 함으로써 짓는 온갖 죄업을 짓지 않을 뿐만 아니라 마음을 정화하는 데도 그만한 것이 없기 때문이다.

비싸고 좋은 차보다 안전한 차를 사야 하고, 지금의 계획보다는 미래의 계획이 있어야만 자신이 원하는 삶을 살 수 있듯, 말 역시 한 수 앞을 내다보면서 할 줄 알아야 한다. 말은 현재뿐만 아니라 미래의 관계와 우리 삶을 좌우하기도 하기 때문이다. 따라서 말할 때는 그것이 상대를 불편하게 하지는 않을지, 상대의 상처를 건드리지는 않을지에 대해서 반드시 생각해야 한다. 예컨대, 아무리 친한 사이라도 지켜야 할 선은 반드시 지켜라. 친하다는 이유만으로 함부로 말해서는 안 된다. 말의 상처는 오랫동안 가슴에 남고, 하루아침에 친구를 적으로 만들 수도 있기 때문이다.

네가 하는 말은 곧 너 자신이다. 그것은 곧 네 인격이며, 네가 어떤 삶을 살았는지 증명하는 증거이기도 하다. 정직하고 바른 삶을 산 사람은 말 역시 정직하고 바르다. 하지만 그렇지 않은 사람은 말이 거칠뿐더러 거짓이 많다. 너라면 누구를 더 믿고 친구로 삼고 싶겠니?

이왕이면 너를 빛나게 하는 말을 해야 한다. 하지만 그것은 저절로 얻어지는 것이 아니다. 자신을 빛나게 하는 말을 하려면 미리 준비하고, 꾸준히 연습해야 한다. 천 냥 빚을 갚은 말은 절대 공짜로 얻어지는 것이 아니기 때문이다. 말은 하기는 쉽지만, 그 말이 미치는 영향과 파급 효과는 매우 크다는 사실을 절대 잊어서는 안 된다.

▶▶▶ 나는 네가 사회생활을 하는 동안에는 될 수 있으면 입은 닫고, 눈은 감고, 귀는 닫고 살라고 하고 싶다. 말하지 말고, 보지 말고, 듣지 말라는 것이 아니다. 하고 싶은 말이 있어도 다시 한번 생각하고, 보지 말아야 할 것은 보고도 못 본 척하고, 듣기 싫은 말은 들어도 못 들은 척하라는 것이다.

사람이 사람에게서 멀어지는 이유는 절대 해서는 안 되는 말을 하고,

보지 않아도 좋은 것을 보고, 듣지 않아야 할 말을 듣기 때문이다. 그 순간, 평화는 깨지고, 사람은 멀어진다. 하지만 입을 닫고, 눈을 감고, 귀를 닫으면 말실수를 할 일이 없으니, 사람도 행복도 온전히 내 것이 된다. 부디, 이 말을 명심해라.

다른 사람 눈치 보며 살 필요 없다

누구나 싫고 꺼리는 사람이 있기 마련이다. 나 역시 그런 사람이 있다. 내가 그들을 싫어하고 꺼리는 이유는 단순하다. 그들 역시 나를 싫어하기 때문이다. 그래서 나는 언제부터인가 그들에 대한 감정 표현을 굳이 숨기지 않는다. 숨길수록 나만 괴롭기 때문이다.

생각해보면 내가 싫어하고 꺼리는 이들에게는 공통점이 있다. 우선, 그들은 내 말과 생각에 전혀 주목하지 않는다. 그것은 나라는 존재를 우습게 생각하기 때문이다. 비단, 나뿐만이 아니다. 그들에게 있어 타인은 존중하고 함께해야 할 동반자가 아닌 철저히 깎아내려야 할 경쟁자일 뿐이다. 남은 전혀 존중하지 않고, 오직 자신과 자기 이익만을 최고로 여기는 에고이스트(Egoist)인 셈이다. 그런 사람들과 굳이 친해야 할 이유는 없다. 평생 보지 않고 살아도 전혀 문제 될 것이 없기 때문이다.

내가 싫어하고 꺼리는 사람은 자존감 역시 크게 떨어진다. 그러다 보니 자신을 존중하지 못하는 것은 물론 다른 사람 역시 함부로 대하고 무시해도 좋다고 생각한다. 어떻게 보면 불행한 사람이라고 할 수 있다. 누구에게서도 사랑받을 수 없기 때문이다. 그들 역시 그 사실을 모르는 것은 아니다. 누구보다도 그들 자신이 그 사실을 잘 안다. 하지만 그것이 습관이 된 나머지 자신도 모르게 그렇게 행동하는 것이다. 그래서 좋지 습관을 조심해야 한다.

많은 사람이 속마음을 털어놓는 것을 매우 어려워한다. 힘들어도 힘들다고 말하지 못하고, 위로받기를 두려워한다. 그렇게 말하면 약해 보일까 봐, 약점이 될까 봐 두렵기 때문이다. 그래서 무조건 참는다. 중요한 것은 그럴수록 행복지수 역시 급격히 떨어진다는 것이다. 그것이 전부가 아니다. 더 심각한 문제는 따로 있다. 참다 보면 언젠가는 결국 폭발하게 되어 있다. 그 피해는 대부분 가족의 몫이다. 가족이라는 이유만으로 겪지 않아도 될 피해를 보는 셈이다.

속마음, 특히 감정을 굳이 숨기지 마라. 화가 나면 화내는 것이 당연하다. 그것을 부끄럽게 생각하거나 창피하게 생각해서는 안 된다. 화를 참으면 자신만 괴롭고 힘들 뿐이다. 이에 대해 40여 년 동안 심리치유사로 활동한 세계 최고의 심리 치유학자 브렌다 쇼사나(Brenda Shoshanna)는 이렇게 조언한다.

"화는 우리의 행복감과 만족감을 허물어뜨리는 주범이자 인간관계를 망치는 가장 큰 원인이다. 그러므로 그것을 절대 참아서는 안 된다."

왜 우리는 화를 내지 못하는 것일까. 왜 무조건 참으면서 사는 것일까. 가장 큰 이유는 '상대가 싫어할지도 모른다'라는 생각과 '따돌림받을 수 있다'라는 두려움 때문이다. 그 결과, 혼자서 속앓이하기 일쑤다. 이른바 '착한 사람 콤플렉스'에 시달리는 셈이다. 중요한 것은 그것이 자신에게 전혀 도움이 되지 않는다는 것이다. 피해 의식과 억울한 마음, 분노가 쌓여서 폭력을 유발할 수도 있기 때문이다. 따라서 자기 자신을 위해서라도 착한 척하는 행동을 당장 멈춰야 한다. 타인에 의해 결정되는 삶은 빈 껍데기일 뿐이다. 그래서는 절대 행복할 수 없다.

화는 다른 감정과 마찬가지로 우리의 생존을 보증하는 심리적 방어 수단이자 위협을 직시하게 하는 경보장치다. 따라서 누군가가 자신을 화나게 했다면 주저하지 말고 자신의 감정을 표현해야 한다.

중요한 것은 화를 내는 데도 기술이 필요하다는 것이다. 화를 잘못 내면 삶에 큰 오점을 남길 수 있기 때문이다. 그 대표적인 예가 프랑스 국가대표 축구팀 주장을 지낸 지네딘 지단(Zinedine Zidane)이다.

2006년 7월 9일, 독일 베를린 올림피아스타디움에서 월드컵 우승 트로피를 두고 결승전이 열렸다. 결승전까지 자책골 외에 단 한 골도 실점하지 않은 '빗장수비'의 이탈리아와 '아트 사커' 지네딘 지단이 이끄는 프랑스의 맞대결이었다. 당연히 대부분 사람이 이탈리아의 우승을 점쳤지만, 예상과는 달리 팽팽한 경기가 이어졌다. 그러던 중 연장 후반 5분 큰 변수가 생겼다. 지단이 갑자기 이탈리아 수비수 마테라치(Marco Materazzi)의 가슴에 박치기를 날린 것. 심판은 곧바로 지단에게 퇴장 명령을 내렸고, 분위기를 잡은 이탈리아는 승부차기 끝에 우승 트로피를 들어 올렸다. 이 날의 불명예스러운 퇴장으로 인해 지단이 한동안 웃음거리로 전락한 것은 당연했다.

어떻게 하면 화를 잘 다스리고 잘 표출할 수 있을까. 미국 조지타운 의과대학의 임상심리학과 교수인 로버트 네이(Robert Nay) 박사는《쿨하게 화내기》에서 화가 날 때는 'STOP'을 외치라고 한다. 분노를 '멈추고(Stop), 생각하고(Think), 객관화하고(Objectify), 계획을 세우라(Plan)'는 것이다.

● **1단계 : 분노 멈추기(Stop)**

화나는 상황에서 벗어나기. 긴장을 풀기 위해서 심호흡하거나 물을 한 모금 마시는 것이 좋다. 만일 어떤 사람 때문에 화가 났다면 잠시 그를 피하는 것도 좋은 방법이다.

● **2단계 : 생각하기(Think)**

무엇이 자신을 화나게 하는지 살펴보고, 그것을 내려놓아야 한다.

● **3단계 : 객관화하기(Objectify)**

화나는 생각 대신 새로운 생각하기. 단, 객관적 사실에 근거해야 한다.

● **4단계 : 계획 세우기(Plan)**

어떻게 할 것인지 계획하기. 앞으로 해야 할 말이나 행동에 관한 구체적인 계획을 세워야 한다.

독일 함부르크 응용과학대학에서 범죄 심리학을 가르치는 옌스 마이드너(Jens Weidner) 교수는 경영자와 기업 임원들을 대상으로 오랫동안 컨설팅을 하면서 한 가지 중요한 사실을 깨달았다고 한다. 바로 착한 마음만으로는 인생을 살기가 매우 힘들다는 것이다. 특히 지금 같은 경쟁 사회에서는 자신의 감정을 분명하게 표현하는 것이야말로 일과 인간관계에서 성공하는 최고 비결이라고 강조한다. 착하기만 하고, 우유부단한 태도는 삶과 일에 걸림돌이 되기에 십상이기 때문이다.

▶▶▶ 다른 사람 눈치 보면서 살 필요 없다. 또한, 배려하며 사는 것만이 삶의 미덕은 아닐뿐더러 화를 낸다고 해서 나쁜 사람이 되는 것도 아니다. 그러니 만일 너를 무시하는 사람이 있다면 절대 그냥 넘어가서는 안 된다. 우선, 주의하라고 경고한 후 그래도 그런 일이 계속된다면 더는 감정을 숨기지 말고 표현해야 한다. 그래야만 상대가 같은 실수를 되풀이하지 않는다. 단, 이때 주의할 점이 있다. 상대를 비난하거나 빈정거려서는 안 된다는 것이다. 그렇게 되면 오히려 상대의 화만 돋우는 악순환을 반복할 수 있기 때문이다.

돈이 고통을 낳는 것이 아니라
탐욕이 고통을 낳는다

"훌륭한 하인이지만, 나쁜 주인이기도 하다."

영국의 철학자 프랜시스 베이컨(Francis Bacon)이 돈을 두고 한 말이다. 그만큼 돈은 잘 쓰면 매우 유용하지만, 잘못 쓰면 그 노예가 될 수도 있다는 뜻이다. 아닌 게 아니라 우리 삶에서 돈만큼 중요하고 무서운 것도 없다.

돈은 라틴어 '모네타(Moneta)'에서 기원했다. 로마의 장군 카피톨리누스(Capitolinus)는 유노(Juno) 신전에 바쳐진 거위 울음소리를 듣고 갈리아인의 습격을 물리쳤는데, 그 후 로마 제2 건국의 아버지로 불리는 카밀루스(Camillus)가 그의 집이 있던 언덕에 '유노 모네타(Juno Moneta)'라는 신전을 건설했다. 이후 유노 모네타 신전은 금화를 주조하는 조폐소로 활용되었다. 그 때문에 로마의 금화에는 유노 모네타라는 글이 새

겨졌고, 사람들은 그것을 모네타(Moneta)라고 불렀다. 그것이 훗날 돈을 의미하는 '머니(Money)'가 되었다.

놀라운 것은 모네타라는 말에는 '경고(Warning)'라는 뜻이 담겨 있다는 점이다. 이는 돈에 대한 끊임없는 탐욕은 결국 화를 부른다는 것을 당시 사람들이 알고 있었음을 의미한다.

우리 삶에서 돈은 매우 중요하다. 돈이 많으면 삶이 그만큼 편하다. 하지만 돈이 많다고 해서 반드시 행복한 것은 아니다. 돈은 많지만, 불행한 삶을 사는 사람도 적지 않기 때문이다. 반대로 돈이 없으면 삶이 힘들고 고단하지만, 그렇다고 해서 누구나 불행한 것은 아니다. 빈털터리의 삶을 살면서도 행복한 사람들 역시 적지 않기 때문이다. 그 대표적인 예로 공자의 제자 안회(顔回)를 꼽을 수 있다. 안회는 단 한 번도 가난을 부끄럽게 생각하거나 불편하게 생각하지 않았다. 오히려 가난을 스승으로 삼았다.

"돈이 많은 부자이면서 교만하지 않은 사람이 있다는 말은 들어보지 못했습니다. 그러나 가난하면서도 이를 원망하지 않을 수는 있으니, 제가 바로 그러합니다. 가난을 원망하지 않는 것은 가난을 스승으로 삼고, 거기서 뭔가를 배우려고 하기 때문입니다. 만일 이런 제게 토지를 내리신다면 스승을 바꾸는 셈입니다. 스승을 경시하고, 봉해진 토지를 더욱 중요하게 여기게 될 것이기 때문입니다. 그래서 저는 토지를 마땅히 사양하겠습니다."

이런 안회를 스승 공자는 누구보다도 아끼고 사랑했다. 3천여 명이 넘는 제자 중 가장 으뜸이라면서 '안자(顏子)'라고 존칭했을 정도다. 심지어 그가 죽자 "하늘이 날 버렸다"라며 통곡하기도 했다. 또한, 훗날 노나라의 실권자인 계강자(季康子)가 "제자 중에서 누가 가장 으뜸이냐?"라고 묻자 이렇게 말하며 대성통곡했다고 한다.

"안회만이 내 뜻을 알았소. 하지만 지금은 죽고 없소."

안회는 가난이 뼛속에 스며들 정도의 힘든 상황에서도 희망을 잃지 않았고 만족할 줄 알았다. 그런 그가 비록 짧지만, 행복한 삶을 산 것은 어쩌면 당연하다.

그래도 이왕이면 부자가 되고 싶은 것이 인지상정이다. 부동산이다, 주식이다, 가상화폐다 해서 그 열풍이 식지 않는 것도 바로 그 때문이다.

부끄럽지만, 나 역시 돈이 없는 삶보다는 돈이 있는 삶을 누구보다도 원했다. 남부럽지 않게 너를 교육하고, 네가 원하는 것은 뭐든 해주고 싶었기 때문이다.

흔히 하는 말 중에 "말에게 물을 주기보다는 물을 먹는 방법을 가르쳐라"라는 말이 있지만, 그것은 당장 가난을 겪어보지 않은 이들이 하는 호사스러운 말장난에 불과하다. 물도 주고, 물을 먹는 방법도 가르쳐주는 것만큼 좋은 방법은 없기 때문이다.

부자가 되는 가장 좋은 방법은 부자들의 돈 버는 노하우를 배우는 것이다. 하지만 어떤 부자도 그것을 쉽게 알려주려고 하지 않는다. 그저

"열심히 살면 된다"라는 말로 독려할 뿐이다.

누구보다도 찢어지게 가난한 삶을 살았으며, 거듭된 실패를 겪다가 수천 억대의 자산가가 된 글로벌 외식 그룹 스노우폭스(Snowfox) 김승호 회장은 돈에 대해서 이렇게 말한다.

"돈은 감정을 가진 실체라서 사랑하되 지나치면 안 되고, 품을 때는 품고, 보내야 할 때는 보내줘야 한다. 돈을 절대 무시하거나 함부로 대해서는 안 된다. 돈은 우리를 언제든지 지켜보고 있다. 돈을 인격체로 받아들이고, 깊은 우정을 나누는 친구처럼 대해야 한다. 돈이 인격체라는 것을 알고 받아들이는 순간부터 부자로 가는 길이 보인다."

돈과 친구가 되라는 것은 돈과 친해지라는 말이다. 그러자면 돈을 잘 버는 것도 중요하지만, 잘 관리할 줄 알아야 한다. 돈은 자기를 귀하게 생각하고 잘 보살펴주는 사람에게는 오랫동안 친구로 남지만, 조금만 소홀히 하면 금방 떠나기 때문이다. 또한, 친구가 되면 대등한 관계에서 모든 일을 할 수 있다. 하지만 돈의 노예가 되면 돈에 종속되는 삶을 살 가능성이 크다. 그렇게 되면 돈이 아무리 많아도 절대 행복할 수 없다.

미국 호프대학 심리학과 교수인 마이어스(David G. Myers) 박사에 의하면, "돈을 벌면 벌수록 우리가 살 수 있는 행복의 양은 줄어든다"라고 한다. 가난한 사람의 72%가 삶이 '만족스럽다'다거나 '매우 만족스럽다'라고 말했지만, 부자들은 겨우 14%만이 '만족스럽다'라고 한 것이 그 방증이다. 또한, 마이어스 박사는 "미국인의 구매력은 두 배 이상 늘었지만, 행복은 정체되어 있다"라고 주장한다. 돈과 행복은 비례하지 않는다는 것이다.

주위를 살펴보면 돈에 대해 매우 부정적 인식을 가진 사람들이 간혹 있다. 돈에 대한 편견과 선입견 때문이다. 중요한 것은 그런 사람들 역시 대부분 돈에 애착을 보인다는 것이다. 돈에 대해 이중적인 태도를 지닌 셈이다.

사실 돈 그 자체는 아무런 문제가 없다. 즉, 돈이 많다고 해서, 돈에 관한 얘기를 자주 한다고 해서, 돈에 집착한다고 해서 문제가 될 것은 전혀 없다. 오히려 돈에 관해 이야기하는 사람을 가볍다고 생각하고 천박하다고 여기는 그릇된 생각이 더 큰 문제다.

"왜 돈이 모든 오명을 뒤집어써야 하는가?"

프랑스의 소설가 에밀 졸라(Emile Zola)의 말이다.

이제 시대가 변했다. 누구도 돈을 말한다고 해서 가볍다고 생각하거나 천박하게 여기지 않는다. 오히려 돈을 알지 못하면 돈에 끌려다니는 삶을 살 가능성이 크다. 그러니 돈에 대해서 부지런히 공부해야 한다. 돈을 공부하는 것은 경제를 공부하는 일이기도 하다. 돈의 흐름을 알면 경제의 흐름이 눈에 보일 뿐만 아니라 미래 역시 다른 사람보다 한발 앞서 준비할 수 있기 때문이다.

▶▶▶ 행복에 관해 진지하게 고민한 사람이 더 행복한 삶을 살듯, 돈 역시 꾸준히 관심을 두고 공부하는 사람만이 돈에 한 걸음 더 다가갈 수 있

다. 그런 점에서 볼 때 나는 돈 공부는 일찍 시작할수록 좋다고 생각한다. 하지만 돈은 삶의 목적이 아닌 수단에 불과하다. 그러니 돈을 중요하게 생각하되, 돈에 매달리는 삶을 살아서는 안 된다. 그럴수록 돈과 행복은 오히려 멀어진다.

행복에 관해 오랫동안 연구한 전문가들에 의하면, 우리의 행복을 좌우하는 것은 돈이 아닌 인간관계와 정신적인 만족, 즉 감정이라고 한다. 따라서 행복하려면 은행 계좌보다는 인간관계와 자기감정에 더욱더 충실해야 한다.

아무것도 갖지 않을 때
비로소 온 세상을 가질 수 있다

자연의 순리를 따르는 것을 중시했던 도가의 창시자 노자(老子)의《도 덕경》을 보면 다음과 같은 말이 나온다.

"도(道)는 텅 빈 그릇이라서 아무리 퍼내도 채워지지 않으니, 비워서 만족할 줄 아는 사람이야말로 진정한 부자다."

무조건 채우는 삶보다는 때로는 비워서 자유로워지라는 가르침이다. 비우다 보면 보이지 않던 것이 비로소 보이고, 부족해 보이던 것이 넉넉 하다는 사실을 알게 되기 때문이다. 그런 점에서 볼 때 탐욕과 집착이야 말로 모든 불행의 시작이라고 할 수 있다.

비울수록 아름다워진다. 무소유의 삶을 살다 가신 법정 스님이 산문 집《무소유》를 출간한 것은 1976년 봄이다. 무엇이건, 어떤 방법을 동원

해서건, 많이 갖는 것을 최고의 목표로 삼던 시대였다. 그러니 "아무것도 갖지 않을 때 비로소 온 세상을 갖게 된다"라는 스님의 말씀은 매우 낯설 뿐더러 말도 안 되는 화두였다. 하지만 맑고 아름다운 울림일수록 더 넓고 깊이 퍼지듯, 몸소 무소유를 실천했던 스님의 말씀은 곧 마음이 허전한 이들을 사로잡았고, 그 울림은 지금도 여전하다.

스님은 행복의 비결은 불필요한 것을 없애는 데 있다고 했다. 즉, 행복하려면 불필요한 것과 과감히 헤어질 줄 알아야 한다는 것이다.

"우리는 필요에 의해서 물건을 가지지만, 때로는 그 물건 때문에 마음을 쓰게 된다. 무엇인가를 갖는다는 것은 다른 한편으로 무엇인가에 얽매이는 것이다. 작은 것과 적은 것으로 만족할 줄 알아야 한다. 작은 것과 적은 것 속에 아름다움과 고마움이 깃들어 있다."

실제로 스님은 그런 마음으로 세상을 살았고, 생의 마지막 순간까지 그것을 실천했다. 스님은 자신이 죽더라도 일체 장례 의식을 치르지 말고, 관과 수의를 따로 마련하지 말며, 사리를 수습하지도 말라고 당부했다. 심지어 "그동안 풀어놓은 말빚 역시 가져가지 않겠다"라며 자신의 이름으로 출판한 모든 작품을 더는 출간하지 말 것을 간곡히 부탁했다.

비움은 '아무것도 하지 말라'라는 것이 절대 아니다. 삶에서 불필요한 것을 버리고 내면을 채우면서 자기 본연의 마음과 만나는 것이다. 따라서 비움을 적극적으로 실천하다 보면 한 단계 더 성숙한 자신과 만날 수 있다.

비움은 집착을 버리는 일이기도 하다. 집착을 버리면 무엇에도 얽매이지 않으니, 그만큼 느긋해진다. 비로소 자유로워지는 셈이다. 이를 몸소 증명한 사람이 바로 헨리 데이비드 소로다.

소로는 비우는 것만이 풍요로운 삶의 비결임을 강조하며 모든 것을 버리고 28살 되던 해 매사추세츠주 콩코드 근교에 있는 월든 호숫가에 작은 통나무집을 한 채 지은 후 2년 2개월 동안 그곳에 머물렀다. 거기서 그가 한 일이라고는 자연과 함께 시간을 보내는 것뿐이었다. 그러면서 문명사회의 풍요와 더 많은 것을 가지려는 사람들의 탐욕을 비판했다.

"왜 우리는 성공하기 위해서 그처럼 필사적이며, 그렇게 필사적으로 일하는 것일까. 어떤 이가 동료와 보조를 맞추지 않는 이유는 그가 그들과는 다른 사람의 북소리를 듣고 있기 때문이다. 그 북소리가 어떤 박자를 갖고 있건 간에 자기가 듣는 음악에 보조를 맞추도록 내버려 두어라. 왜 그가 남들과 보조를 맞추기 위해 자신의 봄을 여름으로 바꾸어야 한다는 말인가."

채우려면 먼저 비워야 한다. 많이 비운 사람일수록 그만큼 많이 채울 수 있다. 또한, 내 속이 넓어야만 다른 사람 역시 받아들일 수 있다. 마음이 넓지 않으면 다른 사람의 장점보다는 단점이, 잘한 것보다는 실수가 더 많이 보이기 때문이다. 그렇게 되면 아무리 채우려고 해도 채울 수 없다.

한국과 중국, 일본에서 자라는 '모죽(毛竹)'이라는 대나무가 있다. 대나무 중에서 최고로 치는 모죽은 땅이 척박하건 기름지건 간에 씨를 뿌린 후 5년 동안은 성장에 필요한 좋은 영양분을 아무리 공급해도 눈에 띄는 변화를 보이지 않는다. 하지만 5년이 지나면 하루에 70~80cm씩 쑥쑥 자라기 시작해서 6주 후면 30m까지 자라고, 비바람 속에서도 100년을 견디며 산다. 그렇다면 처음 5년 동안은 왜 자라지 않는 것일까.

모죽에게 5년은 아래로, 아래로 뿌리를 내리며 내실을 다지는 인내의 시간이다. 땅속 깊은 곳에서 자신을 드러내지 않고 조용히 참고 기다리며 철저히 준비하는 시간인 셈이다. 그리고 그 인내와 끈기는 다른 어떤 식물보다도 빠르고 높이 자라날 힘이 된다.

마음을 비운다는 것은 욕심을 내려놓는 것이다. 또한, 마음을 비운다는 것은 자기 내면을 들여다보는 것이자, 겸손해지는 것이다. 헛된 바람과 집착에서 벗어나서 자신의 마음을 제대로 돌아보고, 마음속에 다른 사람의 마음을 채우는 일이기 때문이다. 그런 점에서 볼 때 나만 옳다면서 다른사람을 인정하지 않는 것은 제대로 비우는 것이 아니다.

비우려면 제대로 비워야 한다. "즐거움은 비움으로부터 온다(樂出虛)"라는 장자의 말처럼, 비워야만 더 크고 단단하게 성장할 수 있기 때문이다.

▶▶▶ "산을 옮길 수는 있어도 습관은 바꾸기 어렵고, 바다는 메울 수 있어도 욕심은 채우기 어렵다"라는 말이 있다. 그만큼 사람 욕심은 끝이 없다. 그것은 본능에 가깝다. 누구나 태어날 때부터 뭔가를 움켜쥐고 누리려는 마음이 삶의 밑바탕에 깔려있기 때문이다. 그러니 마음을 비운다

는 것은 절대 쉬운 일이 아니다. 어쩌면 누군가에게는 도저히 불가능한 일일 수도 있다. 그래도 마음을 비워야 하는 이유는, 마음을 비우지 않으면 새로운 것을 얻을 수 없기 때문이다.

우리가 짊어진 인생의 가방 속에도 불필요한 것이 너무 많다. 이제 그 무거운 짐에서 필요 없는 것들을 덜어내야 한다. 채우면 채울수록 앞으로 나가는 데 방해만 될 뿐이다.

"내 인생에 가을이 오면 나는 나에게 열심히 살았느냐고 물을 것입니다. 그때 자신 있게 말할 수 있도록 나는 지금 맞이하고 있는 하루하루를 최선을 다하며 살겠습니다"라는 시가 있다. 삶에 대한 아름다운 마음을 다짐하는 이 시처럼 너 역시 네 삶을 아름답게 만들어갔으면 한다. 불필요한 것에 대한 욕심과 집착을 버리는 것이 그 시작이 될 것이다. 비우면 삶이 즐거워지고, 삶이 즐거워지면 삶은 그만큼 아름다워진다.

위가 아닌
앞을 보면서 살아야 한다

살면서 멈춰야 할 때를 잘 아는 것만큼 중요한 일은 없다. 멈춰야 할 때 멈추지 못하면 모든 것을 잃는 것은 물론 목숨까지 잃을 수도 있기 때문이다. 많은 사람이 멈춰야 할 때 멈추지 못하는 이유는 과연 뭘까. 지나친 욕심, 즉 탐욕과 자만 때문이다. 탐욕과 자만은 위기를 부른다. 그럴수록 초심을 잊지 않아야 한다. 그래야만 제자리를 올바로 찾을 수 있다.

사마천(司馬遷)이 쓴 《사기》를 보면 수많은 인물이 나온다. 제왕만 90여 명에, 제후는 무려 200여 명이 넘는다. 참모의 수는 헤아리기 힘들 정도다. 사마천은 그 수많은 리더 중 가장 이상적인 리더로 제왕으로는 요·순과 한나라 문제(文帝)를, 참모로는 장량(張良)을 꼽았다. 하지만 한신이 '전쟁의 신', 소하가 '뛰어난 재상'으로 그 역할이 뚜렷한 데 반해,

장량의 역할은 사뭇 두드러지지 않다. 그런데도 사마천이 장량을 가장 이상적인 참모로 꼽은 이유는 과연 뭘까. 그것은 바로 그의 '멈춤의 처세술' 때문이다.

사실 장량만큼 한 고조가 내린 모든 결정에 관여한 사람은 없다. 그만큼 장량을 믿었기 때문이다. 여러 공신을 의심하고, 심지어 소하마저 의심한 적 있지만, 죽을 때까지 장량만은 단 한 번도 의심하지 않았다. 그의 제안을 단 한 번도 거절한 적도 없고, 그의 말을 듣고 고민한 적도 없었다. 그만큼 장량에 대한 한고조의 신뢰는 상상을 초월했다. 그 이유는 장량이 참모로서의 본분과 초심을 잊지 않았기 때문이다. 그런 장량의 처세술을 극명하게 보여주는 이야기가 있다.

수십 년간 한 고조를 도와 삶과 죽음의 경계를 넘나드는 공을 세운 참모는 수백 명이 넘었다. 이에 한 고조는 그들의 공과를 따져 개국 공신의 서열을 정했는데, 1위에 소하를, 2위에 조참(曹參)을 지명했다. 막강한 무공으로 항우와의 모든 전투를 승리로 이끈 한신은 21위였다. 그렇다면 명참모 장량의 서열은 과연 몇 위였을까?

장량의 개국 공신 서열은 62위였다. '홍문의 연'에서 한 고조의 목숨까지 구했다는 점을 고려하면 매우 초라한 결과라고 할 수 있다. 심지어 그보다 활약이 뛰어나지 않았던 장수보다도 못한 수준이었다. 놀라운 것은 이 서열을 장량이 자처했다는 점이다. 그의 처세술이 보통의 경지를 넘어 달인에 이르렀음을 보여준다고 할 수 있다.

장량의 사당 한쪽 바위에는 '성공불거(成功不居, 성공한 자리에 오래 머물지 않는다)'와 '지지(知止, 자기 본분을 알고 그칠 줄을 안다)'라는 글이 새겨져 있다. 이는 끊임없는 탐욕과 자만을 경계하는 말로 우리에게 멈춤의 지혜를 전하고 있다.

　멈춤의 미덕을 아는 사람일수록 위가 아닌 앞을 보면서 산다. 하지만 그런 사람은 많지 않다. 대부분 위만 쳐다보면서 올라가려고만 발버둥친다. 그럴수록 자신만 힘들다는 사실은 전혀 알지 못한 채 말이다. 그런 점에서 볼 때 멈춤은 새로운 나를 만드는 출발점이라고 할 수 있다. 실례로, 공자는 스물네 살에 관직을 그만두었다. 그것이 자신이 가야 할 길이 아니라고 생각했기 때문이다. 지금의 기준으로 보면 가정은 돌보지 않고 오로지 자신만 생각한 매우 무책임하고 이기적인 가장임이 틀림없지만, 그렇게 했기에 학문에 통달할 수 있었을 뿐만 아니라 최고의 스승으로 거듭날 수 있었다.

　또한, 멈춤의 미덕을 아는 사람은 기회를 잘 포착하고, 새로운 도전을 즐긴다. 그 대표적인 인물이 바로 빌 게이츠(Bill Gates)다. 그는 일 년에 두 차례 시애틀 인근에 있는 별장에 머물며 '생각 주간(Think Week)'이란 것을 갖는 것으로 유명하다.

　그 기간에 그는 세상과 단절되어 온전히 혼자만의 시간을 갖는다. 별장에 가구라고는 침대와 식탁, 냉장고, 책상, 의자, 컴퓨터가 전부다. 별장을 찾는 사람 역시 하루 두 차례씩 간단한 음식을 넣어주는 관리인이 유일하다. 중요한 것은 그의 오늘을 있게 한 굵직굵직한 아이디어 대부분이 이 생각 주간에서 나왔다는 점이다. 이는 조용히 휴식하면서 멈춤의 시간을 갖는 것이 얼마나 중요한지 말해준다.

'회복 탄력성'이라는 말이 있다. 회복 탄력성이란 고무줄을 당겼다 놓았을 때 처음 상태로 돌아가는 힘을 말한다. 즉, 스트레스와 불안, 역경을 이겨내고 더 큰 성공을 끌어내는 마음의 근육이라고 할 수 있다.

회복 탄력성이 높은 사람일수록 고난과 역경에 맞닥뜨렸을 때 원래 자신이 있던 자리로 금방 되돌아올 뿐만 아니라 오히려 더 높이 올라간다. 또한, 실수나 실패에 크게 신경 쓰지 않고 항상 도전하는 삶을 산다.

회복 탄력성을 높이는 가장 좋은 방법은 바로 '휴식', 즉 하던 일을 잠시 멈추는 것이다. 잘 쉬어야만 재충전해서 리셋(Reset)할 수 있기 때문이다. 이는 심리학에서 말하는 '절정 체험(Peak Experience)'과도 매우 유사하다. 절절 체험이란 미국의 심리학자 아브라함 매슬로(Abraham Maslow)가 최초로 정의한 용어로 '특별한 성취를 하는 순간에 심리적으로 극도의 행복을 느끼는 것'을 말한다. 그만큼 절정 체험은 삶에 활력을 준다. 하지만 누구나 원한다고 해서 그것을 체험할 수 있는 것은 아니다. 휴식과 회복이 최적화된 환경에서만 체험할 수 있기 때문이다. 하지만 끝없는 욕심이 그것을 방해한다. 매슬로는 이를 '욕구 발달 5단계' 이론으로 설명하기도 했다.

그에 의하면, 인간이 자아를 실현하려는 욕구, 즉 '존재의 욕구'는 채우면 채울수록 더 강해진다. 예컨대, 대부분 사람은 목표를 이루면 돈과 명예를 얻으려고 하고, 또 그것을 이룬 뒤에는 권력을 탐한다. 능력은 곧 욕구이며, 그것이 실현되었을 때 최고의 만족과 행복을 느끼기 때문이다. 그러다 보니 많은 사람이 앞이 아닌 위만 바라보면서 산다. 무조건 위로만 올라가려고 애쓰는 것이다. 그런 사람들이 멈춤의 미덕을 모르는 것은 어쩌면 당연하다.

진불구명 퇴불피죄 유인시보(進不求名 退不避罪 惟人是保). '앞으로 나아가는 데 있어 명예를 구하지 말고, 후퇴를 결정하는 데 있어 죄를 피하려고 하지 말며, 오직 목숨을 지키는 것을 그 기준으로 삼아야 한다'라는 뜻이다. 즉, 모든 나아감과 물러섬의 판단 기준은 생명을 지키는 것을 기준으로 해야 한다는 말이다.

"장막 안에서 계략을 꾸미며 천 리 밖의 승리를 얻는다"라는 말이 있을 만큼 책략과 전술에 있어 장량을 따를 만한 사람은 없었다. 그래서 많은 이들이 "한 고조가 장량을 쓴 것이 아니라, 장량이 한 고조를 쓴 것이다"라며 그를 치켜세우기도 한다. 그만큼 그는 한낱 변방의 건달에 지나지 않았던 유방을 한나라의 황제로 만든 일등 조력자였다. 하지만 참모 역할에만 머물렀을 뿐, 절대 나서지 않았고, 멈춰야 할 때 멈출 줄 알았다. '멈추지 않으면 다친다'라는 권력의 생리를 누구보다도 잘 알았기 때문이다. 그 결과, 한신을 비롯한 적지 않은 공신이 비극적으로 삶을 마감했지만, 그는 한 고조의 신임이 최고조에 이르렀을 때 과감하게 벼슬에서 물러나 자연인으로 되돌아갔다. 이것이 그가 중국 역사상 최고의 참모로 꼽히는 이유이자, 후대 사람들에게서 존경받는 이유다.

▶▶▶ 이 세상에서 가장 무서운 것은 가난도 병도 슬픔도 아니다. 이 세상에서 가장 무서운 것은 삶에 권태를 느끼는 것이다. 권태는 고통과 좌절, 우울과 혐오, 무관심을 유발하기 때문이다. 멈출 줄 모르는 삶은 권태를 부른다. 그것은 곧 삶의 위기를 뜻한다.

단 10분이라도 좋으니, 하루에 한 번쯤은 모든 것을 멈추고 정지해라. 하던 일에서 완전히 벗어나서 아무것도 하지 말고 자유로워져라. 그래야만 재충전해서 리셋할 수 있다.

아울러, 사람은 위가 아닌 앞을 보면서 살아야 한다. 위만 쳐다보는 사람은 금방 지치기 마련이다. 아무리 위로 올라가도 부족해 보이기 때문이다. 삶의 대부분 불행은 거기서 비롯된다.

멈추는 것은 지는 것이 아니다. 멈춤을 아는 사람이야말로 강하고 현명한 사람임을 장량의 이야기가 잘 말해주고 있다. 그러니 '지지(知止)'의 철학을 마음 깊숙이 새기고, 그것을 교훈 삼아 네 삶을 만들어가기를 바란다.

사람은 혼자일 때
더 크고 단단해진다

혼자 있는 것을 매우 즐기는 사람이 있는가 하면, 혼자 있는 것을 잠시도 견디지 못하는 사람도 있다. 놀라운 것은 많은 사람이 혼자만의 시간을 즐기는 사람을 매우 낯설어하고 경계한다는 것이다. 마치 성격이나 대인관계에 심각한 문제라도 있는 것처럼 착각하기 때문이다. 그저 혼자만의 자유를 즐기고, 자신을 돌아보는 시간을 갖는 것일 뿐인데도 말이다. 그러다 보니 혼자 있는 것을 일부러 피하는 사람도 적지 않다.

많은 사람이 고독과 외로움을 혼동하곤 한다. 얼핏 보면, 고독과 외로움은 비슷한 것 같지만, 전혀 다른 의미를 지니고 있다. 고독이 '홀로 있는 듯이 외롭고 쓸쓸함'을 뜻한다면, 외로움은 '혼자가 되어 적적하고 쓸쓸한 느낌'을 의미하기 때문이다. 즉, 고독은 스스로 선택한 것이기에 삶에 활력을 주지만, 외로움은 다른 사람과 단절된 상태라서 정신적인 스트레스뿐만 아니라 심하면 우울증을 일으킬 수도 있다. 따라서 외로움은 자제하되, 고독은 굳이 거부할 이유가 없다.

19세기 중후반 영국 빅토리아 시대의 여성들은 일과를 마무리하는 오후가 되면 혼자만의 공간에 조용히 머물며 휴식하는 문화가 있었다고 한다. 당시 일과를 마친 여성들은 온전히 혼자만의 시간을 즐기며 지친 마음을 돌보았다. 삶을 재충전하고, 나답게 사는 법을 모색하는 고독의 시간을 갖은 셈이다.

고독은 고통이 아닌 우리가 사는 데 있어 꼭 필요한 능력의 하나다. 상처를 치유하고, 상실감을 극복하며, 창조적인 삶을 살게 하는 힘을 지니고 있기 때문이다. 평생을 고독 속에서 살다간 불세출의 화가 빈센트 반고흐(Vincent van Gog)의 말이 그것을 방증한다.

"고독은 용기를 잃게 하는 것이 아니라 자신을 위해 필요한 활동을 창조하게 만드는 힘을 가지고 있다."

또한, 고독은 삶이 위태로울 때마다 우리를 안정시켜주는 안식처와도 같다. 사람은 혼자만의 시간을 가질 때 비로소 가면을 벗고 재충전의 시간을 가질 수 있기 때문이다. 그래서 최근 심리학에서는 고독의 가치에 관한 연구가 매우 활발하게 진행되고 있다.

학자들에 의하면, 고독은 진정한 자아와 만나게 하는 것은 물론 삶의 의미를 발견할 수 있게 한다고 한다. 따라서 고독을 겁내기보다는 고독과 친구가 되어야 한다. 즉, 고독을 즐기면서 나답게 사는 법을 찾아야 한다. 그렇다고 해서 모든 인간관계를 단절하라는 말은 아니다. 삶을 온전히 즐기려면 때로는 혼자만의 시간을 가질 필요가 있다는 것이다. 그 시간을 통해 '다른 사람이 바라보는 나'가 아닌 '내가 바라보는 나'와 만나야 한다.

'나다운 나'와 만나려면 고독과 맞서야 한다. 그래야만 내면 깊숙한 곳에 자리한 자기 자신과 만날 수 있다. 이에 대해 정신분석학 및 심리학 분야에서 20세기 가장 탁월한 전문가로 꼽히는 앤서니 스토(Anthony Storr)는《고독의 위로》에서 이렇게 말한 바 있다.

"인간은 누구나 자기 자신으로 돌아갔을 때, 자신을 있는 그대로 받아들일 수 있을 때 비로소 자신과 화해할 수 있다. 즉, 인생을 고독으로 다채롭게 채우는 사람만이 자신의 능력을 마음껏 펼칠 수 있다."

불과 몇 년 전까지만 해도 혼자 밥 먹는 모습은 매우 낯설었다. 하지만 언제부터인가 '혼밥족'이니 '혼술족'이니 하는 문화가 생기더니, 그것을 즐기는 사람이 급속히 늘고 있다. 실례로, 대학생과 직장인을 대상으로 한 설문조사에 의하면, 10명 중 9명은 혼자 밥 먹은 적이 있다고 한다. 또한, 그들 중 절반은 혼자 밥 먹는 것이 다른 사람과 밥 먹는 것보다 훨씬 편하다고 했다. 이는 우리 사회가 급속히 개인주의화 되어 가고 있음을 말해준다. 개인주의 사회에서 고독은 필수다. 그러므로 이제 고독을 즐기지 못하면 사회생활 역시 제대로 할 수 없는 시대가 되었다.

아닌 게 아니라, 나 역시 혼자 밥 먹는 시간이 점점 많아지고 있다. 생각건대, 앞으로 그 시간은 더욱 늘어날 것이다. 처음에는 그것이 매우 어색하고 답답하며 슬프기까지 하다. 그러다 보니 고독의 참맛을 즐기기보다는 당장 그 상황에서 벗어나고 싶은 생각이 수시로 든다. 하지만 누구나 결국 혼자가 되기 마련이다. 나이 들수록 내가 아는 사람보다 나를 아는 사람이 더 많아진다. 그 시간을 잘 버텨야 한다. 그러자면 일찍부터 고독에 익숙해지는 것이 좋다. 그래야만 혼자가 되었을 때 외로워하지 않고 그것을 즐길 수 있다.

고독을 즐기는 방법은 매우 다양하다. 책을 읽을 수도 있고, 음악을 들을 수도 있으며, 그저 멍하니 앉아서 머리를 쉬게 할 수도 있다.

문제는 혼자 있는 상황을 도저히 견디지 못하는 사람들이다. 하지만 특별한 문제가 없는 한 혼자 있는 것을 두려워해서는 안 된다. 자기연민에 빠져서 눈물 흘리거나 자기 처지를 비관하는 사람은 고독의 참맛을 절대 경험할 수 없기 때문이다. 그렇게 되면 자기 내면의 소리 역시 들을 수 없다. "인간의 불행은 고독할 줄 모르는 데서 온다"라는 말이 있듯이, 고독은 두려움이 아니라 능력이다.

간혹 어떤 사람들은 '고독사'라는 말로 고독의 심각성을 지적하기도 한다. 하지만 말했다시피, 고독과 외로움은 전혀 다른 것이다. 그런 점에서 볼 때 '고독사'라는 말은 그 표현이 잘못되었다고 할 수 있다. 누구도 고독해서 죽지는 않기 때문이다. 외로워서 죽을 뿐이다. 그러니 '고독사'가 아닌 '외로움사'라고 표현하는 것이 옳다.

▶▶▶ "나는 이제야 내가 생각하던/ 영원의 먼 끝을 만지게 되었다./ 그 끝에서 나는 하품을 하고/ 비로소 나의 오랜 잠을 깬다./ 내가 만지는 손끝에서/ 아름다운 별들은 흩어져 빛을 잃지만/ 내가 만지는 손끝에서/ 나는 무엇인가 내게로 더 가까이 다가오는/ 따스한 체온을 느낀다."

김현승 시인의 〈절대고독〉이라는 시다. 고독의 미덕은 자신을 깊이 들여다보게 하는 데 있다. 따라서 누구나 혼자만의 시간이 필요하다. 그러니 때로는 조용히 고독을 즐길 줄도 알아야 한다. 혼자만의 시간을 견디지 못하는 사람은 자신에게 필요한 답을 절대 찾을 수 없다. 타인에게 의존하는 삶을 살 수밖에 없기 때문이다. 무릇, 사람은 혼자일 때 더 크고 단단하게 성장하는 법이다.

죽음은 삶의 끝이 아닌 삶의 완성

이 세상에 절대 변하지 않는 진리의 하나가 바로 사람은 언젠가는 죽는다는 것이다. 하지만 사람들이 그것을 받아들이는 태도는 제각각이다. 어떤 사람은 죽음을 매우 초연하게 받아들이지만, 어떤 사람은 죽음을 매우 두려워한다. 생각건대, 그 차이는 평소 죽음에 대해서 진지하게 생각한 적이 있느냐 없느냐의 차이일 것이다. 그런 점에서 볼 때 나는 죽음을 전혀 두려워하지 않는 편이다. 한 번 태어났으면 죽는 것이 당연하다고 생각하기 때문이다. 오래전부터 그 순간이 오면 어떻게 해야겠다는 각오도 이미 해두었다.

사람들이 죽음을 두려워하는 이유는 공포와 연민 때문이다. 하지만 그것은 지나친 걱정이자 염려다. 미국의 소설가 마크 트웨인(Mark Twain)의 말마따나 "삶을 충실하게 산 사람일수록 언제든 죽을 준비가 되어 있기 때문"이다. 또한, 일단 죽고 나면 어떤 감정도 느낄 수 없다. 남아 있는 사람들이야 일시적으로 슬퍼하겠지만, 그 역시 잠시일 뿐 곧 잊고 만다. 무엇보다도 죽은 사람은 죽은 뒤의 일을 전혀 알 수 없다. 그러니 걱정할 것도, 염려할 것도 없다.

20세기를 대표하는 정신의학자이자 호스피스 운동의 선구자인 미국의 정신과 의사 엘리자베스 퀴블러 로스(Elisabeth Kübler-Ross)는 죽음을 앞둔 수백 명과 인터뷰를 한 후 그것을 '인생에서 꼭 배워야 할 것들'이라는 주제로《인생 수업》을 출간한 바 있다.

그녀가 인터뷰한 사람들은 하나같이 삶은 기회이자, 아름다움이며, 놀이라면서 삶을 붙잡고, 감상하고, 누리라고 했다. 또한, 살면서 반드시 배워야 할 것이 있는데, 한 번의 삶으로는 그것을 전부 배울 수 없지만, 진정으로 살아 보기 전에는 죽지 말아야 한다며, '살고(Live), 사랑하고(Love), 웃고(Laugh), 배우라(Learn)'라고 조언했다. 예컨대, 젊은 나이에 뜻하지 않은 죽음을 맞은 한 오빠는 불신과 두려움에 빠져 사랑을 믿지 않고 거부하는 여동생에게 다음과 같은 유언을 남겼다.

"난 네가 자신의 삶과 사랑을 놓치게 될까 봐 걱정이야. 하지만 사랑만큼은 절대 놓치지 마. 삶이라는 여행을 하는 동안 사람은 누구나 사랑을 해야만 해. … (중략) … 삶이라는 이 여행을 사랑 없이는 하지 마."

그런가 하면 불치병 진단을 받고 중환자실에서 마지막 나날을 보내던 한 중년 남성은 "죽는다는 사실을 알면서 사는 기분이 어떤가?"라는 질문에 이렇게 말했다.

"지금이 그 어느 때보다 행복해요. 내게 남은 시간이 얼마 없는 지금에야 삶을 비로소 들여다볼 수 있게 되었으니까요. 살아 있는 동안에는 열심히 삶을 즐기고, 죽을 때는 흔쾌히 죽기로 마음먹었어요."

죽음 앞에 오만한 사람은 없다. 그만큼 죽음은 사람을 겸손하게 한다. 그런 점에서 볼 때 죽음을 눈앞에 둔 사람보다 생생하고 가슴 절절한 가르침을 주는 사람은 없다. 죽음과 마주했을 때 삶의 진실이 비로소 보이기 때문이다.

우리는 살면서 다양한 삶의 노하우를 배운다. 하지만 죽음에 대해서 배우고 준비하는 사람은 거의 없다. 러시아의 대문호 톨스토이(Lev Tolstoy)의 말마따나, 대부분 사람이 겨우살이는 준비하면서도 죽음은 전혀 준비하지 않는 것이다. 그러니 당연히 죽음이 두려울 수밖에.

일본 다큐멘터리 영화 〈엔딩노트〉를 보면, 할아버지는 손자에게 죽음을 '꽃이 피었다가 지는 것'이라고 말한다. 또한, 유럽이나 미국 등에서는 집에서 기르던 강아지가 죽으면 아이들에게 어떻게 하겠냐고 묻는다. 아주 어렸을 때부터 죽음을 낯설어하지 않고 자연스럽게 받아들이게 가르치는 것이다.

죽음을 두려워하지 않으려면 죽음에 익숙해져야 한다. 죽음을 생각함으로써 현재의 삶에 더욱 충실할 수 있기 때문이다.

▶▶▶ "세상 사람들이 말하기를 죽은 사람을 돌아간 사람이라고 한다. 죽은 사람이 돌아간 사람이라면 살아 있는 사람은 왔던 길을 되돌아가는 사람이다."

중국 전국시대 도가 사상가 열자(列子)의 말이다. 그에 의하면, 산다는 것은 왔던 곳으로 돌아가는 과정이다. 그런 점에서 볼 때 우리는 지금 왔던 곳으로 되돌아가는 길을 걷고 있는 셈이다. 그 길의 끝에는 죽음이 있다.

죽음만큼 확실한 것은 없다. 또한, 누구도 예외가 없다. 그러니 죽음을 두려워하거나 낯설어할 이유는 전혀 없다. 꽃이 피었다가 지는 것일 뿐이다. 만일 그래도 죽는 것이 두렵고, 남아 있는 사람이 걱정된다면 살아 있을 때 더 열심히 살고, 더 많이 사랑하면 된다. 죽음에 익숙해져야 한다. 그래야만 죽음으로부터 비로소 자유로워질 수 있다. 무엇보다도 죽음은 삶의 끝이 아니라 삶의 완성이다.

마음의 소리를
들을 줄 알아야 한다

 사람들이 위기에 처할 때마다 습관적으로 하는 말이 있다. "배수진의 각오로 임하겠다"라는 말이 바로 그것이다. 알다시피, 배수진(背水陣)은 '어떤 일에 대해서 죽음을 각오하고 있는 힘을 다하겠다'라는 뜻이다. 하지만 자세히 들여다보면 그 안에는 '어떻게든 이기겠다'라는 굳은 의지가 담겨 있다.

 배수진은 《사기》〈회음후 열전〉에 나오는 말이다. 회음후(淮陰侯)는 중국 역사상 최고의 명장이자 전략가로 꼽히는 한신(韓信)을 말하는 것으로, 그가 태어난 고향 이름에서 유래했다.

 한 고조 유방이 제위에 오르기 2년 전인 204년, 유방은 한신에게 조나라를 공격하라고 명한다. 당시 한신의 군대는 3만 명에 달했지만, 모두 오합지졸이었다. 한신의 세력이 날로 강성해지는 것을 막고자, 유방과 그의 참모들이 뛰어난 군사는 모두 차출했기 때문이다. 하지만 그런 열악한 상황에서도 한신은 조나라 20만 군사에 맞서 대승을 거두었다. 이때 쓴 병법이 바로 배수진이다.

사실 배수진은 병법의 상식에 어긋나는 전략이다. 퇴로를 차단한 까닭에 자칫 잘못하면 몰살당할 수도 있기 때문이다. 그러다 보니 당신 한신의 전략에 의문을 제기하는 사람도 적지 않았다. 이에 대해 한신은 이렇게 말했다.

"제대로 된 훈련조차 받지 못한 오합지졸의 군사를 독려하려면 그 방법밖에는 없었다. 무릇, 사람은 죽을 위기에 처해야만 살려고 발버둥 치기 때문이다."

임진왜란 당시 이순신 장군 역시 그와 같은 전략을 구사한 적 있다. 장군은 명량해전을 앞두고 겁에 질린 군사들에게 '필사즉생 필생즉사(必死卽生, 必生卽死)'의 자세로 적과 맞서 싸우라고 했다. 즉, '죽기를 각오하고 맞서면 살길이 열린다'라며 결사 항전의 굳은 의지를 다질 것을 독려했다. 그렇게 해서 단 12척의 배로 330여 척에 달하는 일본의 배를 쳐부수는 대승을 거두었다.

이렇듯 죽을 각오로 맞서는 사람보다 강한 사람은 없다.

누구나 모든 것을 걸고라도 반드시 이루고 싶은 꿈과 목표가 있다. 삶은 그것을 이루는 과정이다. 하지만 그것을 이루는 과정은 절대 만만치 않다. 삶의 순간순간마다 고난과 시련이 앞을 가로막기 때문이다. 문제는 그것을 극복하면서 앞으로 나가야만 원하는 꿈과 목표에 이를 수 있다는 것이다. 그러자면 방법은 하나뿐이다. 더는 도망갈 수 없는 벼랑 끝에 자신을 세워야 한다. 병법으로 치면 배수진 전략을 펼쳐야 하는 셈이다. 하지만 말했다시피, 배수진은 병법에서 어긋나는 전략이다. 또한, 배수진 전략을 펼친다고 해서 누구나 성공하는 것도 아니다. 한신의 대성공 이후 수많은 장수가 배수진을 시도했지만, 대부분 실패했다는 것이 그 방증이다. 그 이유는 배수진이라는 전략에만 신경 썼을 뿐 그것을 이용하는 방법에서 치명적인 실수를 했을 뿐만 아니라 실패했을 때의 대비책 역시 전혀 세우지 않았기 때문이다.

배수진은 속도전이다. 즉, 오래 끌어서는 절대 안 되며 속전속결로 끝내야 한다. 오래 끌면 끌수록 백전백패하게 되어 있다. 실례로, 병자호란 당시 조선이 남한산성에서 무너진 이유는 시간을 너무 오래 끌었기 때문이다. 빠져나갈 곳이라고는 전혀 없는 절체절명의 상황에서 희망이 보이지 않으면 사람은 마음부터 무너지기 마련이다. 그렇게 되면 결국 삶의 의지마저 꺾이게 된다. 따라서 극한 상황에 몰렸을 때일수록 속도가 중요하다.

실패했을 때를 대비한 대책 역시 마련해둬야 한다. 자신에게 유리하고 좋은 점만 봐서는 절대 원하는 것을 얻을 수 없다. 그러자면 최악의 상황과 불리한 점 역시 절대 간과해서는 안 된다. 오히려 그것이 승리의 최고 원동력이 될 수도 있기 때문이다. 그런 점에서 볼 때 배수진을 쳤지만, 실패한 이들은 자신에게 유리하고 좋은 점만 보고 불리한 점은 무시했다는 공통점이 있다. 따라서 위기에 처했을 때일수록 냉정하게 현실을 돌아보고 판단할 줄 알아야 한다.

우리 삶 역시 마찬가지다. 모든 일에 열정을 갖되, 항상 벼랑 끝으로만 너무 몰아세우려고 해서는 안 된다. 정말 간절한 목표에 대해서만 그런 각오로 맞서야 한다. 그렇지 않고 매번 결사 항전의 자세로 살면 마음이 지치기가 쉽다. 마음이 지치면 열정이 사라진다. 그만큼 삶은 무거워진다. 또한, 위기에 처할 때 거기서 벗어나는 대책 역시 미리 준비해야 한다. 그래야만 위기에 처했을 때 당황하지 않고 쉽게 벗어날 수 있다.

치밀한 준비와 대책 없는 삶은 돛이 없는 배와도 같다. 거센 바람과 높은 파도와 출렁이는 바다에서 돛이 없으면 배는 갈 곳을 찾지 못한 채 방황하기에 십상이다.

공자 역시 그와 비슷한 말을 했다.

"맨손으로 호랑이에게 덤비거나 황하를 걸어서 건너는 것과 같은 헛된 죽음을 후회하지 않을 사람과는 나는 행동을 함께하지 않을 것이다."

끝으로, 하나 더 명심할 것이 있다. 삶을 행운에 의지해서는 안 된다는 것이다. 그것은 요행수, 즉 말 그대로 '뜻밖의 행운'일 뿐이다. 원한다고 해서 얻을 수 있는 것도 아닐뿐더러 자주 얻을 수 있는 것도 아니다. 그러니 행운보다는 치밀한 준비를 통해 삶을 더욱 단단하고 아름답게 만들어 나가야 한다.

▶▶▶ 열정은 말 그대로 '뜨거운 정'이다. 감정의 강렬한 자극인 셈이다.

열정은 '내 안에 신이 있다'라는 그리스어 '엔테오스(Entheous)'에서 유래했다. 그래서 열정이 넘치는 사람을 가리켜서 '신나게 일한다'라고 말하기도 한다. 하지만 열정은 마음만 먹는다고 타오르지는 않는다. 열정에 불을 지피려면 자신의 마음의 소리를 들을 줄 알아야 한다. 자신이 무엇을 원하는지 알아야 하기 때문이다. 그런 점에서 볼 때 열정은 위대한 성과를 이루는 기초이자, 도전과 모험을 끌어내는 자양분이라고 할 수 있다. 아울러, 실패의 늪에 빠졌을 때 목표를 향해 다시 달려갈 수 있게 하는 힘이자, 진정 원하는 것을 향해 끝까지 물고 늘어지는 끈기이기도 하다.

주어진 일에 열정을 다하는 사람이 되어라. 특히 인생을 걸만한 중요한 목표일수록 배수진의 각오로 임해야 한다. 더는 물러설 수 없는 극한의 끝에 자신을 세우고 간절한 마음으로 맞서야만 원하는 것을 얻을 수 있기 때문이다. 나아가 그런 사람이야말로 다른 사람에게 존중받을 수 있다.

먼저 나를 살피고 돌아보라

누구나 강점과 약점이 공존한다. 강점만 있는 사람도, 약점만 있는 사람도 없다. 제아무리 능력이 뛰어난 사람도 약점 하나쯤은 반드시 있으며, 제아무리 못난 사람도 강점 하나는 꼭 있기 마련이다. 그런 만큼 세상에 완벽한 사람은 없다.

강점과 약점을 바라보는 사람들의 시각은 크게 두 가지다. 강점에 집중해야만 성공할 수 있다는 것과 약점을 극복해야만 성공할 수 있다는 것이 바로 그것이다. 둘 중 과연 무엇이 옳은지는 여전히 수많은 갑론을박이 진행되고 있기에 쉽게 단정할 수 없다. 각자의 선택에 맡길 뿐이다. 그렇다면 강점에만 집중하면 지금보다 훨씬 행복하고 성공하는 삶을 살수 있을까. 강점 중시론자들은 그것이 충분히 가능하다고 말한다. 그와 함께 약점을 고치는 것은 매우 비효율적일뿐더러 시간 낭비라고 주장한다. 사람마다 타고난 재능이 있기에 그것을 살려서 자신의 강점으로 만드는 것이 중요할 뿐, 괜한 시간을 들여가면서까지 약점을 고칠 필요는 없다는 것이다. 강점을 살리는 것이야말로 정신적 만족감을 주고 더 나은 삶을 살게 하는 최고의 비결이기 때문이다.

약점 중시론자들의 반대 의견 역시 만만치 않다. 그들은 강점이 아닌 약점을 보완해야만 성공할 수 있다고 강조한다. 세상 대부분 승부는 강점이 아닌 약점에 의해서 결정된다는 것이다. 그들은 쇠고리가 가장 약한 부분에서 끊어지는 것을 그 예로 든다.

"약점은 강점이다. 만일 약점으로부터 뭔가를 배울 수만 있다면."

미국 경제잡지《포브스》발행인 말콤 포브스(Malcolm Forbes)의 말이다. 이 말처럼 강점이 약점이 될 수도 있고, 약점이 강점이 될 수도 있다. 약점은 강점 안에, 강점은 약점 안에 존재하기 때문이다. 이는 강점과 약점은 적대시해야 하는 관계가 아닌 상호 보완해야 하는 관계임을 말해준다. 하지만 대부분 사람은 강점을 개발하기보다는 약점을 극복하기 위해서 노력한다. 강점은 그대로 두어도 언제까지나 강점으로 남을 것으로 생각하기 때문이다. 하지만 이는 큰 착각이다.

강점 역시 방치하면 얼마든지 약점으로 바뀔 수 있다. 특히 요즘처럼 변화가 빠를 때일수록 그 가능성은 매우 크다. 그 대표적인 예가 한때 세계 휴대전화 시장을 이끌었던 핀란드 휴대전화 회사 노키아(Nokia)의 몰락이다.

세계 휴대전화 시장 점유율 41.1%. 노키아가 한때 이룬 놀라운 기록이다. 휴대전화 이용자 두 명 중 한 명은 노키아 제품을 들고 다녔을 만큼 압도적인 시장 장악력을 자랑했다. 당시 2위였던 삼성전자의 시장 점유율은 노키아의 3분의 1에 불과했을 만큼, 당시 노키아는 명실상부 세계 최고의 기업이었다. 하지만 누구도 넘볼 수 없을 것 같던 그 위세는 스마트폰의 등장으로 인해 급격히 무너지고 말았다. 애플과 삼성전자에 추월 당하는가 싶더니, 급기야 휴대전화 사업부를 마이크로소프트사에 매각하기까지 이르렀다.

노키아 역시 스마트폰 시대가 올 것이라는 걸 충분히 알고 있었다. 그래서 가장 먼저 스마트폰을 출시했지만, 시장 환경이 충분히 갖춰지지 않은 상황에서 출시하다 보니 실패를 거듭했다. 흔히 말하는 '선발자의 저주(First Mover's Curse)'에 빠진 셈이다. 그 결과, 회사는 패배 의식에 빠졌고, 스마트폰 사업을 포기한 채 기존의 피처폰 사업에만 집중했다. 그리고 이는 급격한 몰락으로 이어졌다.

그런가 하면 약점 역시 얼마든지 강점으로 바뀔 수 있다. 미국 역사상 가장 젊은 대통령이었던 존 F. 케네디(John F. Kennedy)와 버락 오바마(Barack Obama)가 그 대표적인 예다.

케네디는 44살에, 오바마는 47살에 각각 대통령이 되었다. 하지만 바로 그 젊음이 그들에게는 최대 약점이었다. 정치에서 젊다는 것은 그만큼 경륜과 지혜가 부족하다는 것을 의미하기 때문이다. 당연히 경쟁 후보들은 그 점을 집요하리만큼 공격했고, 두 사람은 온 힘을 다해서 거기에 맞섰다. 그리고 결국 승리했다. 그 비결은 경험 부족이라는 약점을 '열정'이라는 강점으로 변화시켰기 때문이다.

자전거가 잘 굴러가려면 한 바퀴만 잘 굴러가서는 안 된다. 두 바퀴가 조화를 이루어야만 잘 굴러갈 수 있다. 강점과 약점 역시 마찬가지다. 강점은 더욱 개발하고, 약점은 적극적으로 보완해야만 우리 삶 역시 원하는 곳을 향해 잘 굴러갈 수 있다.

약점을 부끄러워하거나 감추려고 해서는 안 된다. 그래서는 언제까지나 약점으로 남을 뿐이다. 오히려 치명적인 약점일수록 더 드러내고 보완하기 위해서 노력해야 한다. 수많은 사람이 그 부분을 집요하게 공격해올 것이기 때문이다. 그런 점에서 볼 때 약점을 보완하는 것은 삶을 한층 더 업그레이드한다. 그 과정에서 미처 몰랐던 능력을 발견할 수도 있기 때문이다. 그 대표적인 인물이 바로 남자 100m 육상 경기 세계 신기록 보유자인 우사인 볼트(Usain Bolt)다.

알다시피, 우사인 볼트(Usain Bolt)는 올림픽 역사상 최초로 남자 100m 육상 경기에서 3연패를 달성했다. 하지만 그가 단거리 선수로 뛰기에는 매우 불리한 신체조건을 갖고 있었다는 사실을 아는 사람은 많지 않다.

우선, 그는 단거리 선수로서는 적합하지 않은 큰 체격을 갖고 있었다. 체격이 크면 보폭이 늘어나는 장점이 있지만, 순발력이 떨어질 뿐만 아니라 공기저항 역시 많이 받아서 기록이 떨어진다는 단점이 있다. 그 때문에 대부분 육상 코치가 체격이 큰 사람보다는 작은 사람을 선호한다.

또한, 그는 어린 시절부터 척추가 굽는 병을 앓아 척추가 변형되어 있었다. 따라서 뛰는 것 자체가 모험에 가까웠다. 하지만 그는 자신만의 방법으로 그 약점을 모두 극복했다. 그리고 그때부터 그의 성공 신화가 시작되었다.

고대 그리스 철학자 헤라클레이토스(Heraclitus)는 "판타 레이(Panta Rhei)"를 강조했다. "모든 것은 항상 변한다"라는 뜻으로, 세상 만물은 끊임없이 만들어지고, 진화하기에 영원한 것은 없기 때문이다.

약점 역시 마찬가지다. 그것을 인정하고 받아들일 때 약점은 비로소 강점이 될 수 있다. 그러니 약점을 감추지 말고 솔직히 인정해야 한다. 그래야만 약점을 극복하며 원하는 곳을 향해 나아갈 수 있다.

▶▶▶ 바둑 격언에 '생사불문살타(生死不問殺他, 자기 것은 생각지 않고 무조건 상대를 친다)', '아생연후살타(我生然後殺他, 다른 사람을 공격하기 전에 나부터 살펴라)'라는 말이 있다. 당나라 현종 때 바둑의 고수 왕적신(王積薪)이 말한 '위기십결'의 하나인 '공피고아(攻彼顧我, 상대방을 공격하기 전에 먼저 나를 살피고 돌아보라)'와도 일맥상통하는 이 말들은 상대를 이기려면 먼저 자신을 돌아본 후 큰 흐름을 살피라는 생존 지혜를 담고 있다. 자만과 교만을 경계하는 말인 셈이다.

바둑에서 공격은 가장 신나는 전술이다. 아닌 게 아니라 상대의 대마를 잡으려고 공격할 때면 누구나 신바람이 난다. 그러다 보면 자신의 약점을 제대로 보지 못하는 경우가 많고, 결국 달아나던 상대에게 갑자기

허를 찔려서 역습당하는 경우가 적지 않다. 한마디로 닭 쫓던 개 지붕 쳐다보는 격이다.

말했다시피, 이 세상에 완벽한 사람은 없다. 누구나 약점이 있고 몇 번쯤은 넘어지기 마련이다. 약점이 많다고 해서, 한두 번 실패했다고 해서 삶 역시 실패하는 것은 아니다. 하지만 그것을 극복해서 성공 반열에 오르는 사람이 있는가 하면, 그것에 사로잡혀서 평생 후회하는 삶을 사는 이들도 있다. 약점과 실수는 자신을 쓰러뜨리는 것이 아닌 더욱 위대하게 만드는 원동력일 뿐이다. 따라서 강점은 더욱 키우고, 약점은 보완하면서 끊임없이 자신을 업그레이드해야 한다. 다른 사람들의 강점을 배우려는 적극적인 태도 역시 필요하다. 실패하는 사람은 작은 걸림돌에도 쉽게 걸려서 넘어지지만, 성공하는 사람은 그것을 디딤돌 삼아 정상에 우뚝 선다는 사실을 절대 잊지 마라.

지식보다
지혜가 필요한 이유

"울타리를 만들려면 세 개의 말뚝이 필요하다"라는 중국 속담이 있다. '큰 뜻을 품은 사람이 그것을 이루려면 세 명의 뛰어난 조력자가 있어야 한다'라는 말이다.

한 고조 유방(劉邦)이 모든 면에서 절대열세였던 초 패왕 항우(項羽)를 이길 수 있었던 비결 역시 바로 거기에 있다. 그의 곁에는 '장량(張良)'이라는 지혜로운 참모와 '한신(韓信)'이라는 불세출의 장수, '소하(蕭何)'라는 뛰어난 재상이 있었다. 이 세 사람이 있었기에 절대적으로 불리했던 항우와의 싸움에서 결국 승리해서 천하를 차지할 수 있었다. 사람을 알아보고 활용하는 능력에서만큼은 그가 항우보다 훨씬 뛰어났던 셈이다. 그래서 사람들은 '지인선용(知人善用)'이라는 말로 그의 사람 보는 능력을 떠받들고는 한다. '사람을 잘 알아보고, 잘 활용한다'라는 뜻이다.

세상을 걱정하지 않고 살려면 사람을 볼 줄 알아야 한다. 삶의 대부분 문제는 사람으로부터 시작되기 때문이다. 정확히 말하면 사람보다는 사람의 헛된 욕망과 욕심이 그렇게 만든다고 할 수 있다. 하지만 사람을 알아보는 것만큼 힘든 일은 없다. 공자 역시 사람 마음은 험하기가 산천보다 거칠고, 알기는 하늘보다 더 어렵다고 말한 바 있다.

"자연은 춘하추동 사계절과 아침저녁의 구별이 있지만, 사람은 두꺼운 얼굴 속에 깊은 감정을 숨기고 있으니 구별하기가 매우 어렵다. 외모는 성실해 보여도 마음이 교만한 자가 있고, 뛰어난 재주를 지닌 듯하지만, 사실은 못난 자가 있다. 유순하면서도 사리에 통달한 자가 있고, 강인해 보이면서도 속은 부드러운 자가 있고, 느릿해 보이면서도 성급한 자가 있다."

그만큼 사람을 안다는 것은 어렵다. 나 역시 아직 그 방법을 터득하지 못했다. 아마 대부분 사람이 그렇지 않을까 싶다. 누구도 사람 마음을 훤히 들여다볼 수는 없기 때문이다. 그러다 보니 대부분 외모만 보고 사람을 평가하곤 한다. 하지만 그것은 매우 잘못된 일이다. 외모만으로는 사람을 절대 알 수 없기 때문이다. 실례로, 공자 역시 외모만으로 사람을 판단했다가 실수한 것을 알고 크게 후회한 일이 있다. 거기서 깨달음을 얻은 공자는 이렇게 말했다.

"사람을 볼 때는 '시(視)'가 아닌 '관(觀)'과 '찰(察)'의 관점으로 살펴야 한다. '시'가 단순히 눈에 보이는 것만 보는 것이라면, '관'은 저울의 눈금을 살피듯 세세하게 살피는 것이며, '찰'은 본질까지 꿰뚫어 보는 것을 말한다. 그 때문에 사람을 속속들이 알려면 눈에 보이지 않는 세세한 부분까지 살피고 깊이 헤아려야만 한다."

《논어》〈위정〉편에 나오는 이 말은 사람을 제대로 알려면 겉모습이 아닌 본질을 봐야 함을 말하고 있다. 그런데도 여전히 많은 사람이 본질과 형상을 구분하지 못한 채 사람의 겉모습에 속아 넘어가곤 한다. 하지만 속았다고 생각했을 때는 이미 늦다.

세상에 쓸모없는 사람은 없다. 그러니 어떤 사람이 나보다 못나 보이고 뒤떨어져 보이더라도 절대 무시해서는 안 된다. 언젠가는 그 사람이 우리를 깜짝 놀라게 할지도 모르기 때문이다. 그래서 옛 성현들은 "나보다 못한 사람 없다"라는 말을 가슴에 새긴 후 모든 사람의 말과 행동을 거울로 삼았다. 그런데 지금 우리는 자신을 바꾸려고 애쓰기보다는 자신의 처지에 맞게 남을 가르치고 바꾸려고 애쓴다. 그 이유는 자신을 비추는 '거울'이 없기 때문이다.

누구나 인생의 지침으로 삼을 만한 '거울' 하나쯤은 갖고 있어야 한다. 그래야만 자신의 삶을 맑게 비추면서 앞을 향해 나갈 수 있다.

많은 사람이 고전을 공부하는 이유는 단순히 과거의 사실을 확인하거나 암기해서 지식을 자랑하기 위해서가 아니다. 옛사람들의 말과 역사적 증거를 통해서 자신의 실수와 오류를 바로잡고, 위가 아닌 앞을 향해 나아가기 위해서다.

고전 속에는 우리보다 앞서 세상을 산 사람들이 산전수전 겪으면서 경험한 삶의 노하우가 그대로 녹아 있다. 어떻게 살아야 하는지부터 위기에서 벗어나는 법과 리더십은 물론 사람을 알아보는 법 등 우리 삶에 필요한 지혜가 가득하다. 그래서 고전을 읽다 보면 자아를 두텁게 만들 수 있다. 그러니 시간이 날 때마다 고전을 읽어보도록 해라.

공자는 아들 백어(伯魚)에게 어떤 가르침도 직접 전하지 않았다고 한다. 생각하는 방법을 가르쳐야지 자기 생각을 가르쳐서는 안 된다고 생각했기 때문이다. 그래서 어쩌다가 한마디 하는 것으로 가르침을 주며 스스로 공부하게 했다.

20세기를 대표하는 과학자 알베르트 아인슈타인(Albert Einstein) 역시 그와 비슷한 말을 했다.

"교육은 학교에서 배운 것을 모두 잊은 뒤에 남는다."

아인슈타인은 학교 교육은 죽은 사람이나 견딜 수 있는 복종을 요구한다며 비판하기도 했다. 그에게 학교 교육은 호기심을 억제하거나 제거하는 폭력과도 같았기 때문이다. 이에 어떤 사람들은 아인슈타인의 학교 성적이 형편없었다고 말하기도 하지만, 엄밀히 말해서 그것은 사실이 아니다. 그의 성적표를 보면 그는 11살 때 대학 과정의 물리학을 이해할 만큼 수학과 물리학에 뛰어난 재능을 보였고, 라틴어와 그리스어 성적 역시 매우 뛰어났기 때문이다. 그런 점에서 볼 때 그가 싫어한 것은 학교 교육 자체가 아닌 통제와 주입식 위주의 일방적인 교육 시스템이었다고 할 수 있다. 그런 시스템이 공부에 대한 열망을 떨어뜨리고 흥미를 잃게 한 것이다.

공부는 억지로 시켜서가 아닌 스스로 하려는 마음이 생겨서 자발적으로 했을 때 자기 것이 되고 더 좋은 결과가 나온다. 이는 누구보다도 네가 더 잘 알 것이다.

치열한 경쟁 시대다. 한 번 뒤처지게 되면 쉽게 따라잡을 수 없다. 그러니 한순간도 배움에 대한 열망을 잃지 마라. 힘이 들더라도 꾸준히 자기계발에 힘쓰고, 다른 사람의 장점을 나의 단점을 보완하는데 활용할 줄 아는 현명함을 지녀야 한다.

▶▶▶ 지식보다는 지혜 있는 사람이 되어야 한다. 지식은 학습을 통해 얼마든지 얻을 수 있지만, 지혜는 학습을 통해 얻을 수 있는 것이 아니다. 수많은 경험과 꾸준한 자기 성찰을 통해서만 얻을 수 있다. 그런 지식과 지혜의 차이는 고난이나 시련에 부닥쳤을 때 명확히 드러난다. 지혜 있는 사람은 어떤 고난과 시련에도 절망하지 않지만, 지식만 있는 사람은 쉽게 좌절한다. 자기 수양이 되어 있지 않기 때문이다. 그런 점에서 볼 때 위기일수록 지혜는 더욱더 빛을 발한다.

지혜는 하루아침에 생기지 않는다. 지혜 있는 사람이 되려면 수많은 시행착오를 겪어야 한다. 물론 다른 사람의 지혜를 배울 수도 있지만, 그런 지혜는 오래가지 못한다. 살아 있는 것이 아니기 때문이다. 이는 단편적인 지식만 갖춘 사람이 자기 철학과 생각이 담긴 글을 쓰지 못하는 것과도 같다. 끊임없이 세상에 부딪히고, 사람들에게서 배워라. 그 횟수만큼 더욱더 두터워지고 성장할 것이다.

기록은 기억을 지배한다

생각을 정리하는 데 있어 글쓰기만큼 유용한 수단은 없다. 글을 쓰다 보면 말로 할 때는 미처 깨닫지 못했던 점을 생각할 수 있을 뿐만 아니라 중요한 내용을 다시 한번 정리할 수 있기 때문이다. 하지만 그것이 쉬운 일은 아니다. 막상 글을 쓰려면 뭘, 어떻게 써야 하는지 고민되기 때문이다.

글쓰기 역시 습관이다. 일기 쓰듯 꼬박꼬박 쓴 사람은 자기 생각과 핵심을 어렵지 않게 정리할 수 있지만, 그렇지 않은 사람은 단 한 줄도 쓰기가 쉽지 않다.

일본 메이지대학 교수이자 베스트셀러 작가이기도 한 사이토 다카시 (齋藤孝)는 글쓰기를 '달리기'에 비유하기도 했다. 달리기 초보자가 거리를 조금씩 늘려 가면서 훈련하다 보면 누구나 1km를 힘들이지 않고

달릴 수 있듯, 글쓰기 역시 꾸준히 하다 보면 실력이 점점 늘어나기 때문이다.

글쓰기는 삶의 기록이기도 하다. 하루를 기록하면 일기가 되지만, 삶을 기록하면 그것은 한 개인의 역사가 된다.

기록하면 떠오르는 사람이 두 명 있다. 이순신 장군과 사마천이다. 만일 이순신 장군이 《난중일기》를 남기지 않았다면 우리는 임진왜란에 관한 중요한 역사적인 사실을 알 수 없을 것이다. 또한, 사마천이 궁형이라는 치욕을 견디면서 《사기》를 쓰지 않았다면 우리는 중국 역사는 물론 인간에 대한 고찰 역시 쉽게 할 수 없을 것이다.

사실 사마천은 자기 의지로 《사기》를 쓴 것은 아니다. 마흔둘에 아버지 사마담(司馬淡)의 유훈에 따라 글을 쓰기 시작했지만, '태사령(太史令, 천문·역법·사서 편찬 등을 담당했던 중국의 고대 관직명)'이라는 벼슬을 겸하고 있었기에 본격적인 저술 활동은 할 수 없었다.

그가 본격적으로 글을 쓰게 된 것은 아이러니하게도 궁형 때문이었다. 그는 궁형의 치욕을 견디면서 무려 14년 동안 각국의 기록을 모아서 흥망성쇠의 이치를 정리하고 오만 군상의 인간상을 담은 130편의 《태사공서》를 완성했다. 그것이 바로 우리가 아는 《사기》다. 궁형으로 인한 그의 몸과 마음의 상처는 매우 컸다. 여름이면 냄새 때문에 가족조차 그를 멀리했다는 기록이 있을 정도다. 얼마나 마음고생이 심했는지 친구 임안(任安)에게 보내는 편지에서 가슴 저미는 심정을 다음과 같이 밝히기도 했다.

"백 세의 세월이 흐른다고 해도 그 쓰라린 치욕은 잊히지 않을 것이네. 지금도 그것을 생각하면 하루에도 아홉 번 장이 뒤집히고, 망연자실하여 무엇을 잃은 것만 같네."

만일 사마천이 궁형의 치욕을 견디지 못한 채 목숨을 끊었다면 《사기》는 세상에 존재하지 않을 것이며, 그의 이름 역시 누구도 기억하지 않을 것이다. 무엇보다도 그의 사무친 원한은 개인적인 한으로만 끝났을 것이다.

알다시피, 사마천은 생전에 한 치의 명예도 얻지 못했다. 죽은 뒤에야 비로소 그 이름을 세상에 알릴 수 있었다. 하지만 역사는 그를 패자가 아닌 승자로 기록하고 있다. 온갖 고통과 좌절을 이겨내고 '인간사의 보고'라고 불리는 《사기》를 남겼기 때문이다.

이순신 장군이나 사마천처럼 사명감과 책임감으로 글을 쓰라는 것은 아니다. 글은 너 자신을 위해서 써야 한다. 나이 들어서 들여다보는 일기만큼 옛일을 새록새록 떠올리게 하는 것도 없을 뿐만 아니라 글쓰기는 이제 우리 삶의 필수 요소가 되었기 때문이다.

네 삶을 진실하고 솔직하게 기록해라. 훌륭하고 좋은 문장보다는 진실하게 쓰기 위해서 노력해야 한다. 글의 생명은 진실함에 있기 때문이다. 무엇보다도 다른 사람에게 보여주기 위해서가 아닌 너 자신에게 들려주고 싶은 말을 이야기하듯 자연스럽게 쓰는 것이 중요하다. 의무감으로 글을 써서는 절대 안 된다. 그렇게 되면 글쓰기가 지겨운 일이 되고 말기 때문이다. 글은 의무감이 아닌 즐겁고 기쁜 마음으로 써야 한다. 그래야만 질리지 않고 오래 쓸 수 있다.

네 생각이 담기지 않은 단순한 일상만 기록하는 것 역시 피해야 한다. 그것은 시간 낭비일 뿐이다. 단 한 줄이라도 좋으니, 하루를 살면서 깨달은 점과 그에 대한 네 생각을 써라. 그래야만 그것이 네 삶의 기록이 된다.

시인이나 작가처럼 훌륭하고 좋은 문장을 쓰기 위해 고민할 필요는 없다. 하지만 어느 정도의 논리와 체계는 필요하다. 그러자면 많이 읽고, 많이 써봐야 한다. 많이 읽고, 많이 쓸수록 글의 논리와 체계가 눈에 보이기 때문이다. 그와 관련해서 미국 대학생이라면 누구나 읽어야 할 교양 도서로 오랫동안 선정된 《월든》의 작가 헨리 데이비드 소로는 1815년 11월 12일 일기에서 글쓰기의 비결에 대해서 이렇게 말했다.

"긴 글보다는 다양한 주제에 관한 짧은 글을 많이 쓰는 것이 좋다. 공중에서 제비 돌기를 하며 빈약한 재주를 뽐내려다가는 결국 머리만 다친다. 안타이오스(Antaios, 그리스 신화에 나오는 거인)처럼 너무 오랫동안 땅을 떠나서는 안 된다. 삶이라는 탄력의 마루에 살짝 발끝을 대고 여러 차례 뜀을 뛰듯이 그렇게 글을 써라. 땅에 떨어진 한 알의 열매나 열매 속의 배아와 같은 문장을 써라. 그런 문장이 좋은 문장이다. 흙과 빛으로 양육할 수 있는 식물들을 되도록 많이 심어라. 되도록 자주 뜀을 뛰어라. 문장은 그 후에 등을 벽에 기댔을 때 나타난다."

글 쓰는 시간과 장소를 군이 정할 필요는 없다. 아무 곳에서건 좋은 생각이 떠오르면 그때그때 적으면 된다. 매일 한 가지 주제를 정해놓고 생각하는 것도 좋은 방법이다. 예컨대, 나는 나이 들면서 《명심보감》 같은 고전을 즐겨 읽기 시작했는데, 욕심내지 않고 편한 시간에 한 줄씩 읽으면서 큰 깨달음을 얻곤 한다. 그리고 그와 관련된 생각이 떠오르면 길을 가다가도, 지하철 안에서도, 도서관에서 책을 읽다가도 수시로 기록한다. 따라서 메모할 수 있는 도구를 항상 가지고 다니는 것이 좋다.

요즘이 어떤 시대인데, 아직도 메모 타령이냐고 하는 사람도 당연히 있을 것이다. 안다. 디지털 시대다. 그럼 메모 역시 디지털화 도구를 사용하면 된다. 수첩 대신 스마트 폰이나 모바일 기계 및 컴퓨터를 활용하는 것이다. 그런데도 메모에 대해 부정적으로 생각하는 사람이 있다면, 그는 애초에 메모에 관심이 없다고 할 수 있다. 당연히 자기 삶 역시 기록할 수 없다.

최고의 자리에 오른 사람들은 늘 메모하는 것이 습관화되어 있다. 기업인은 비즈니스 아이디어를, 예술가는 번쩍 떠오르는 영감을, 개그맨은 기가 막힌 웃음 소재가 떠오를 때마다 그것을 기록으로 남긴다. 실례로, 삼성그룹 창업주 이병철 전 회장은 소문난 '메모광'이었다. 그의 수첩에는 항상 그날 챙겨야 할 일, 확인할 일, 만날 사람, 점심 약속, 전화하거나 방문할 곳, 구매할 물건, 상 주거나 벌 줄 사람, 구매할 책, 신문에서 본 내용 등이 빼곡히 적혀 있었다.

우리는 하루에도 수많은 생각을 한다. 어제 했던 고민의 연장선에 있는 것이 대부분이지만, 가끔 매우 기발한 아이디어가 떠오를 때도 있다. 그러나 우리 기억력은 그리 믿을 것이 못 된다. 어떤 것은 채 하루도 넘기지 못할 뿐만 아니라 몇 분, 아니 채 몇십 초도 넘기지 못하는 것도 부지기수이기 때문이다. 특히 기발하고 번쩍이는 아이디어일수록 그 유통기한이 짧다. 이것이 우리가 더욱더 메모해야 하는 이유다.

▶▶▶ 나는 글은 잘 쓰지 못했지만, 어렸을 때부터 가능한 한 일기는 꼬박꼬박 쓰려고 했다. 투박하게나마 내 삶을 기록하고 싶었기 때문이다. 그래서인지 가끔 그때 쓴 일기를 들여다보면 나도 모르게 웃음이 나거나 감상에 빠지곤 한다. 언제, 뭘 했는지 알 수 있을 뿐만 아니라 순진했던 그 시절의 내가 떠오르기 때문이다. 그런 점에서 볼 때 기록은 삶을 정리해줄 뿐만 아니라 소중한 추억을 고이 간직해준다.

크고 작은, 바쁘고 덜 바쁜 일과 계획이 뒤죽박죽된 삶을 정리하고, 추억을 기억하는 데 있어 기록보다 효과적인 방법은 없다. 그러니 가끔이라도 네 삶을 반드시 기록해라. 말했다시피, 하루를 기록하면 일기가 되지만, 삶을 기록하면 네 역사가 된다. 생각건대, 훗날 네게 그보다 더 좋은 선물은 없을 것이다.

스무 살이 되는 아들에게

한 번뿐인 삶, 제대로 즐겨라

잘 놀아라. 한 번뿐인 삶, 제대로 즐겨야 한다. 잘 노는 사람일수록 삶을 즐기면서 행복하게 살 수 있다. 어영부영 놀면 삶도 어영부영해지고 만다. 무엇보다도 네 나이 때 제대로 놀지 못하면 나이 들어서 후회한다. 누구보다도 내가 그것을 잘 안다. 나는 잘 놀지 못한 사람이었기 때문이다.

무엇을 하면서 놀건 그건 네 자유다. 그렇다고 해서 방탕한 삶을 즐기지는 마라. 그것은 네 젊음과 체력, 시간만 허비할 뿐이다. 삶을 즐기되, 몸에는 무리가 가지 않아야 한다. 무엇보다도 네 삶에 오점이 되어서는 절대 안 된다.

잘 놀려면 자신만의 계획과 규칙이 있어야 한다. 노는 데 그런 것까지 있어야 하냐며 반문할 수도 있다. 당연한 의문이다. 지금까지는 대부분 즉흥적으로 놀았기 때문이다. 하지만 일도 잘하고, 사람들에게 인정받으면서 잘 놀기까지 하는 사람들에게는 자신만의 계획과 규칙이 있다. 그러다 보니 그들은 누구보다 자기 삶을 잘 조절할뿐더러 제대로 관리하면서 산다.

자신만의 계획과 규칙이 없으면 항상 무절제하고 피곤한 삶을 살기 쉽다. 다른 사람이 하자는 대로 끌려다니기에 십상이며, 이래도 좋고 저래도 좋은 삶을 살 가능성이 크기 때문이다. 그러니 노는 데도 계획과 규칙이 있어야 한다. 예컨대, 월요병을 이기려면 체력이 필요한 일은 가능한 한 토요일에 하고, 일요일에는 몸과 마음을 모두 쉬게 하는 것이 좋다. 누구와도 마주치지 않고 편히 쉴 수 있는 나만의 공간을 마련하는 것도 좋은 방법이다.

"출근부 도장이나 찍으려고 회사에 나오지 마라. 집이건, 어디에서건 생각만 하면 된다. 굳이 회사에서만 생각할 필요 없다. 6개월 밤새워서 일한 후 6개월은 놀아도 좋다. 하지만 그것을 논다고 하면 절대 안 된다. 제대로 놀지 못하면 노는 것이 아니기 때문이다. 놀려면 제대로 놀아야 한다."

이건희 전 삼성그룹 회장의 말이다. 그는 "한 명의 인재가 10만 명의 직원을 먹여 살린다"라는 경영철학을 지니고 있었다. 그래서 그런 인재를 찾아서 그들이 자유롭게 경쟁하고 성장하도록 도와야만 회사가 발전할 수 있다고 항상 강조했다. 그가 말한 인재란 일류 대학을 나오고, 스펙이 우수한 사람을 가리키는 것이 아니다. 그런 사람은 삼성 내부에 이미 넘치고 넘쳤다. 그가 말한 인재란 '잘 노는 사람', 즉 '창의성이 뛰어난 사람'이었다. 그런 사람이어야만 믿고 일을 맡길 수 있기 때문이다.

아닌 게 아니라, 창의성을 키우려면 잘 놀아야 한다. 창의성은 지성이 아닌 잘 노는 데서 생기기 때문이다. 이에 대해 미국의 바이올린 연주자이자, 작곡가이며, 컴퓨터 아티스트인 스티븐 나흐마노비치(Stephen Nachmanovitch)는 이렇게 말했다.

"창의성이란 고정관념이나 생각의 반대 방향으로 향하는 힘이 이루는 조화라며, 그것은 성스러운 놀이라는 개념 안에 있다."

음악에서 고수의 경지라고 부르는 즉흥연주는 내면의 감성과 창조적인 영감을 끄집어내지 못하면 절대 그 맛을 살릴 수 없다. 그것은 우리 삶 역시 마찬가지다. 남과 다른 삶을 살려면 즉흥연주를 할 때와 같은 창의성과 상상력이 필요하다. 그렇다면 그런 창의성은 어떻게 하면 갖출 수 있을까.

스티븐 나흐마노비치는 이렇게 말한다.

"우리가 표현해야 하는 모든 것은 이미 우리 안에 존재하고 있다. 창의성이란 뭔가를 만들어내는 것이 아니라 그동안 스스로 만들었던 장애물을 걷어내고 내면에 갇혀있는 그 뭔가를 풀어주는 것이다."

창의성을 발휘하려면 끊임없는 연습과 경험, 수많은 실수와 실패, 한계를 겪어야 한다. 실수와 실패, 한계는 창의성을 가로막는 벽이 아니다. 오히려 창의성의 빛을 더 발하게 한다. 풍족할 때보다 뭔가 부족한 순간, 즉 극한 상황에 처했을 때 반짝이는 아이디어와 상상력이 더욱더 발휘되기 때문이다. 수많은 예술가가 자신을 극한 상황으로 몰아세우는 이유역시 바로 거기에 있다. 그래서 어떤 시인은 "가난하지 않으면 시를 쓸 수없다"라고 말하기도 했다. 그러니 실수와 실패, 한계를 두려워하지 마라.그것이 없다면 창의성도, 성취도 없다.

문제는 창의성을 살리는 과정 즉, 노는 과정에서 대부분 사람이 그것을 유치하다고 생각하거나 불안하다는 이유로 쉽게 포기한다는 것이다.하지만 이는 누구나 겪는 과정이다. 따라서 이를 극복해야만 창의성이라는 달콤한 결실을 맛볼 수 있다. 그러니 창의성을 키우고 싶다면 두려움과 망설임에서 벗어나서 그저 머릿속에 떠오르는 생각에 몸을 맡기면된다. 즉, 잘 놀면 된다.

▶▶▶ 나이 들수록 놀 수 있는 시간이 점점 줄어든다. 하지만 그것은 나만의 핑계일지도 모른다는 생각을 요즘 들어 부쩍 하게 된다. 주위를 살펴보면 나보다 나이는 많지만, 삶을 즐기는 사람들이 적지 않기 때문이다. 그만큼 내가 부지런하지 못하다는 방증인 셈이다. 늦었지만, 나도 이제부터라도 삶을 즐기는 법을 찾아야겠다. 군이 창의성을 위해서가 아니라 남은 삶을 위해서라도 더욱더 그래야겠다는 생각이 든다.

너는 나처럼 나이 들어서 후회하지 말고 즐길 수 있을 때 최대한 즐기기를 바란다. 아울러 삶과 일, 놀이를 별개로 절대 생각하지 마라. 삶을 즐길 수 있는 사람만이 일 역시 즐길 수 있다. 부디, 삶도, 일도 즐기는 사람이 되어라.

스무 살이 되는 아들에게

젊음의 대가는
나이 들어서 나타난다

시간은 누구에게나 공평하다. 누구나 하루 24시간, 일 년 365일을 똑같은 시간을 산다. 하지만 그 시간이 만드는 결과는 천차만별이다. 발전을 거듭하면서 앞서나가는 사람이 있는가 하면, 제자리걸음 하거나 오히려 후퇴하는 사람도 있다.

고등학교 때까지는 모두가 똑같이 교육받고, 똑같은 목표를 향해 가느라 그것을 절감하지 못할 수도 있다. 하지만 대학에 진학해서 모든 것을 스스로 결정해야 하는 때가 오면, 삶의 다양한 문제와 본격적으로 직면하게 된다. 그때부터 본격적인 삶의 격차가 생긴다.

다른 사람에게 뒤지지 않고, 나만의 속도로 전진하려면 시간 관리를 잘해야 한다. 즉, 시간을 어떻게 관리하느냐에 따라서 삶은 달라진다. 이것은 내 말이 아니라 성공한 사람들과 실패한 사람들의 삶을 분석한 결과를 통해서 명확히 드러난 사실이다. 그러니 시간에 대한 너만의 명확한 기준과 계획을 세워라. 삶의 모든 순간마다 시간 관리가 중요하지만, 막 사회생활을 시작하는 20대에게 시간 관리는 아무리 강조해도 지나치지 않다. 20대의 시간 관리가 평생을 좌우할 수도 있기 때문이다.

젊음의 대가는 나이 들어서 나타난다. 즉, 네가 젊음을 어떻게 보냈느냐에 따라서 10년, 20년 후의 네 삶이 크게 달라진다는 뜻이다. 유대인의 최고 경전인 《탈무드》를 보면 다음과 같은 말이 나온다.

"매일, 오늘이 네가 끝나는 날이라고 생각하라. 매일, 오늘이 네가 시작하는 날이라고 생각하라."

누구도 오늘이 인생의 마지막 날이라면 일 분, 일 초도 헛되이 사용할 수 없을 것이다. 또한, 오늘부터 인생이 새로 시작된다면 누구나 희망과 기대로 가슴이 벅찰 것이다.

나이 들수록 나만의 시간은 점점 줄어든다. 시간을 자기 마음대로 활용할 수 없기 때문이다. 실례로, 많은 사람이 결혼과 동시에 취미 생활을 포기하곤 한다. 특히 가정일과 사회생활을 동시에 해야 하는 여자들은 시간이 절대적으로 부족하다. 거기에 아이가 태어나면 취미 생활을 즐기는 일이 더는 불가능해진다. 그러다 보니 적지 않은 여자들이 아이가 태어난 후 우울증에 시달리기도 한다. 이전까지와는 전혀 다른 삶을 살아야 한다는 생각이 마음을 병들게 하는 셈이다.

너도 알다시피, 나는 집안일에는 문외한이었다. 마음은 있지만, 부엌에 들어가기가 쉽지 않았다. 가부장적인 교육을 받고 자란 우리 세대 남자들의 공통적인 문제가 아닐까 싶다. 하지만 이제 시대가 바뀌었다. 남자 역시 집안일을 적극적으로 도와야 한다. 더는 부모 세대의 눈치를 볼 필요 없다. 네 마음이 가는 대로, 네가 하고 싶은 대로 하면 된다. 그 정도의 관용은 부모라면 누구나 가지고 있다.

시간은 삶을 만드는 가장 소중한 재료의 하나다. 삶을 관리하는 것은 곧 시간을 관리하는 것이며, 시간을 관리하는 것은 삶을 관리하는 것이기 때문이다. 그러자면 '시간 관리'를 '인생 관리'로 생각해야 한다.

우리는 많은 면에서 우리 자신과 상황을 믿도록 길들어 왔다. 그러나 내면의 평화를 얻고 싶다면 그런 믿음에서 즉시 벗어나야 한다. 많은 사람이 끊임없이 누군가를 통제하려고 하지만, 그것은 불가능한 일일뿐더러 시간 낭비에 지나지 않기 때문이다. 무엇보다도 다른 사람의 일은 우리의 통제 영역 밖에 존재한다.

많은 사람이 현재보다는 미래에 더 많은 것을 성취할 수 있을 것으로 생각한다. 또한, 그렇게 되면 시간 역시 어느 정도 절약할 수 있을 것으로 믿는다. 하지만 이는 착각일 뿐이다. 지금, 이 순간만이 우리가 누릴 수 있는 시간의 전부이기 때문이다. 그 시간을 함부로 보내서는 안 된다. 우리의 현재는 곧 우리의 미래이기 때문이다.

시간에는 두 종류가 있다. '크로노스(chronos)'와 '카이로스(kairos)'가 바로 그것이다. 옥스퍼드 사전을 살펴보면, 크로노스는 '기계적이고도 단순하며, 그저 흘러가는 일상적인 시간', 즉 배고프면 밥 먹고, 졸리면 자고, 목마르면 물 마시는 일련의 시간을 말한다. 반면, 카이로스는 '전혀 예측할 수 없는, 의미 있는 시간'으로 어떤 사건을 계획하고 실천하는 역사적인 순간을 뜻한다. 또한, 크로노스가 분 초 단위로 측정 가능한 객관적인 시간이라면, 카이로스는 오직 자신만이 느끼고 알 수 있는 주관적인 시간이다. 따라서 시간을 효율적으로 사용하려면 크로노스가 아닌 카이로스의 삶을 살아야 한다.

어떻게 하면 시간을 잘 관리하고 효율적으로 사용할 수 있을까. 독일 최고의 시간 관리 전문가이자, 라이프리더십 코치인 로타르 자이베르트(Lothar Seiwert) 박사는 이렇게 말한다.

"시간 관리를 잘한다는 것은, 매일 매일을 예정대로 정확하게 채워나가는 것이 절대 아니다. 우리에게 필요한 것은 가득 채우는 삶이 아니라 '충실한 삶'이기 때문이다. 중요한 것은 삶의 목표를 구체적으로 정하고, 그것을 향해 노력하는 것이다. 그러자면 '지향하는 것이 무엇인가' 뿐만 아니라 '무엇을 위해 그것을 지향하는가' 역시 매우 중요하다."

시간 관리에서 가장 중요한 것은 시간을 어디에, 어떻게 사용할 것인지 미리 파악하고 계획하는 것이다. 모두에게 공평하게 주어진 시간을 어떻게 활용하느냐에 따라서 그 결과는 천차만별이기 때문이다.

페이스북 최고경영자 마크 저커버그(Mark Zuckerberg)는 매일 같은 디자인의 티셔츠를 입고 회사에 출근한다. 아침마다 어떤 옷을 입고 출근할지 고민하는 시간이 아까울뿐더러 그 시간에 다른 생산적인 일에 집중하기 위해서다. 그런가 하면 트위터와 스퀘어의 최고경영자인 잭 도시(Jack Dorsey)는 머릿속 생각을 정리하기 위해 매일 아침 달리기를 즐긴다. 그는 하루도 빼놓지 않고 늘 아침 5시 30분에 기상해서 10km를 뛴다.

애플의 최고경영자 팀 쿡(Tim Cook)은 그보다 일찍 하루를 시작한다. 그는 새벽 3시 45분에 기상해서 한 시간가량 이메일을 확인한 후 체육관에 가서 운동하고, 운동이 끝나는 6시가 되면 커피 한 잔을 들고 회사에 가장 먼저 출근해서 가장 늦게 퇴근하는 것으로 유명하다.

"그렇게 사는 것이 힘들지 않냐?"라는 누군가의 물음에 그는 이렇게 말했다.

"자신이 하는 일을 즐기면 더는 그것을 일로 여기지 않게 된다."

시간을 어떻게 활용하느냐에 따라서 인생의 행복과 불행, 성공과 실패가 결정된다. 돈을 빌려주면 다시 받을 수 있지만, 한 번 흘러간 시간은 절대 되돌릴 수 없다. 시간은 오직 앞으로만 흐르기 때문이다.

누구나 지금, 이 순간은 한 번밖에 살 수 없다. 만일 인생을 두 번 살 수 있다면 지금과는 매우 다른 삶을 살 것이다. 시간의 소중함을 경험했기 때문이다. 하지만 안타깝게도 인생을 두 번 살 수 있는 사람은 없다. 그러다 보니 대부분 삶의 마지막 단계에 이르러서야 시간의 소중함을 깨닫고 후회하곤 한다. 하지만 그때는 이미 늦다.

시간 관리에서 가장 중요한 원칙은 '능률'과 '효율'이다. 즉, 똑같은 시간 내에 할 수 있는 일의 비율을 최대한 늘리되, 거기에 들인 시간과 노력보다 더 큰 효과를 얻는 것을 목표로 해야 한다. 어떻게 하면 그렇게 시간을 관리할 수 있을까.

시간 계산하기

많은 사람이 돈을 어떻게 쓰는지는 잘 알지만, 시간을 어떻게 쓰는지는 잘 모른다. 또한, 돈의 수입과 지출은 철저히 기록하지만, 시간 사용을 기록하는 사람은 거의 없다. 하지만 시간 역시 계산할 줄 아는 사람만이 시간을 효율적으로 사용하고 원하는 목표를 이룰 수 있다. 그러자면 자신이 어떤 일에 얼마만큼의 시간을 쓰는지 정확히 알아야 한다.

시간 예산안 짜기

필요한 비용을 미리 계산하여 기록한 문서를 '예산안'이라고 한다. 예산안을 짜는 이유는 정해진 예산을 효율적으로 관리하고 집행하기 위해서다.

시간 역시 예산안을 짜야 한다. 그래야만 시간을 효율적으로 관리할 수 있기 때문이다. 오늘 해야 할 일의 목록을 만든 후 중요하고 긴급한 순서대로 일의 순서를 배치해라. 그렇게 하는 것만으로도 불필요한 시간을 절약하면서 얼마든지 시간을 효율적으로 사용할 수 있다.

'파레토 법칙' 활용하기

파레토 법칙은 19세기 말 이탈리아 경제학자 빌 프레도 파레토(Vilfredo Pareto)가 제시한 학설로 '80:20 법칙'으로도 불린다. 20%의 소수가 나머지 80%보다 더 큰 가치를 가진다는 학설이다. 이 파레토 법칙을 시간 관리에도 적용할 수 있다. 예컨대, 일할 때 업무 중 큰 수익을 창출할 수 있는 2~3가지 핵심 항목, 즉 20%에 더 많은 시간을 할당하면 시간을 훨씬 효율적으로 사용할 수 있다. 하루 중 최고의 성과를 낼 수 있는 20%의 시간에 중요한 업무를 처리하는 것 역시 마찬가지다.

방해 요소 미리 파악하기

예기치 못한 지출에 대한 예산안을 미리 세워놓지 않으면 위기에 처했을 때 우왕좌왕하게 마련이다. 시간 관리 역시 마찬가지다.

많은 사람이 시간 관리를 제대로 못 하는 이유 중 하나는 회피할 수 없는 긴급한 일에 대비할 계획을 미리 세워두지 않기 때문이다. 무슨 일이건 하다 보면 방해 요소가 항상 있기 마련이다. 특히 방해 요소가 많을수록 일하는 시간이 오래 걸릴 뿐만 아니라 스트레스 역시 많이 받는다. 그것을 대비하는 방법은 그 대책을 미리 마련하는 것이다. 그래야만 위기에 부딪혀도 흔들리지 않는다.

시간의 비중 점검하기

집중력이 높을수록 일의 능률 역시 높아지기 마련이다. 따라서 집중이 가장 잘 되는 시간과 요일에 가장 중요한 일을 하면 생각보다 쉽게 원하는 목표를 이룰 수 있다. 그러자면 평소 자신이 사용하는 시간의 비중을 잘 알고 있어야 한다. 그에 따라 계획을 조정해야만 시간을 효율적으로 사용할 수 있다.

일의 데드라인 만들기

일에 있어서 데드라인(Deadline)은 매우 중요하다. 데드라인을 넘기지 않고 일을 처리하는 능력이야말로 누구나 반드시 지녀야 할 자질이기 때문이다. 하지만 대부분 사람이 자신에게 매우 관대하다. 그런 까닭에 마감 날짜가 되어서야 시간에 쫓겨 허둥지둥 일하곤 한다. 당연히 실수가 잦을 수밖에 없다.

시간을 잘 관리하려면 자신만의 데드라인을 정하고, 거기에 맞춰서 일해야 한다. 그러자면 다른 사람에게도 공표함으로써 자신을 압박하는 것이 좋다. 그렇지 않으면 자신을 제대로 컨트롤할 수 없기 때문이다.

많은 사람이 부탁을 거절할 때 자주 하는 말이 있다. 바로 "시간이 없다"라는 것이다. 정말 시간이 없어서 그런 말을 하는 것일까. 그렇지 않다. 그것은 핑계일 뿐이다. 시간은 얼마든지 만들면 된다. 그런데도 그런 말을 하는 이유는 그 일이 싫거나 귀찮기 때문이다. 이는 부탁하는 사람과 부탁하는 일이 그만큼 소중하지 않다는 방증이기도 하다.

심리학자들에 의하면 "시간이 없다"라는 핑계를 자주 대는 사람일수록 호감과 신뢰도가 매우 낮다고 한다. 반면, 변명하지 않고 부탁을 거절할 경우 호의적인 반응을 보였다. 그러므로 "시간이 없다"라는 핑계를 대느니 차라리 부탁을 거절하는 것이 자신이나 상대를 위해서도 훨씬 낫다. 또한, 시간이 없어서 어떤 일도 하지 못하는 사람은 시간이 있어도 어떤 일도 할 수 없다.

▶▶▶ 즐겁게 놀건, 열심히 공부하건 간에 일단 젊음을 즐겨라. 어영부영하면서 젊음을 낭비하지 마라. 내 경험상 그것은 나이 들어서 가장 많이 후회하는 일이다. 취미 생활을 하나라도 더 즐기든지, 사랑하는 사람과 추억을 만들든지, 하고 싶은 일을 하면서 시간을 가치 있게 활용해야 한다. 시간의 소중함을 아는 사람은 삶을 절대 헛되게 보내지 않는다.

지금과 다른 삶을 사는 법

고대 그리스의 철학자 아리스토텔레스(Aristoteles)는 "우리가 반복해서 하는 행동이 곧 우리다. 성공은 행동이 아닌 습관의 결과다"라고 했다. 그만큼 습관은 우리 운명을 결정하는 힘이 있다.

미국 듀크대학 연구진이 2006년 발표한 논문에 의하면, 우리가 일상생활에서 보이는 행동의 40~45%는 무의식적으로 나오는 습관이라고 한다. 잠자는 시간을 제외한 활동 시간 중 절반은 습관적인 행동으로 채워지는 셈이다.

어느 분야건 최고의 경지에 오른 이들에게는 공통점이 있다. 자기 일과 삶에 강한 열정을 지니고 있다는 것이다. 그래서인지 그들이 그런 경지에 오르기까지의 과정은 한편의 감동 드라마라고 해도 과언은 아니다. 예컨대, NBA 6회 우승에 6번이나 MVP에 뽑히며 농구에 관한 한 신의 경지에 올랐다는 평가를 받은 마이클 조던(Michael Jordan)은 농구에 관심 없는 사람이라도 그 이름은 알고 있을 정도다. 특히 그의 전매특허인 자유투 라인에서 점프해서 링까지 솟구쳐 내리찍는 슬램덩크는 누구도 흉내 낼 수 없는 명장면으로 꼽히며 여전히 수많은 농구팬을 열광하게 한다.

그가 한 농구 캠프에 참석했을 때의 일이다. 한 참석자가 그를 향해 이렇게 물었다.

"하루에 몇 시간 정도 연습하면 그렇게 될 수 있나요?"

그러자 조던은 미소를 지으며 이렇게 말했다.

"시간 같은 건 전혀 신경 쓰지 않았어요. 시계를 본 적도 없고요. 지칠 때까지, 아니면 어머니가 저녁 먹으라고 부를 때까지 연습했거든요."

시카고 불스 감독을 지낸 덕 콜린스(Doug Collins) 역시 조던의 지독한 연습에 혀를 내두르곤 했다.

"지금의 마이클 조던을 만든 건 연습입니다."

한마디로 조던은 이미 정상에 올라섰음에도 더 뛰어난 선수가 되기 위한 노력을 멈추지 않았다.

작은 것에 만족하지 않고 목표를 향해 전력투구하는 그의 모습이 마음에 들지 않을 수도 있다. 그렇게까지 치열하게 살아야 하나 싶기 때문이다. 또한, 만족을 모르는 그의 모습이 마치 삶의 노예로 보일 수도 있다. 하지만 그는 자신이 원하는 것을 하고, 무엇보다도 그 일을 사랑하기에 그 일에 집중한 것일 뿐이다. 즉, 그가 더 높이 오르려고 한 이유는 권력이나 돈, 명성보다는 자기 일에서 행복을 찾았기 때문이다.

습관만큼 무서운 것은 없다. 습관이야말로 삶의 성공과 실패를 가르는 결정적 변수이기 때문이다. 좋은 습관은 어렵게 만들어지지만 좋은 결과를 낳고, 나쁜 습관은 쉽게 만들어지지만 나쁜 결과를 낳는다.

너도 알다시피, 습관은 타고난 것이 아니라 꾸준한 연습과 반복을 통해 얻어진다. 따라서 성공하는 습관을 지니려면 가장 먼저 성공한 사람들의 습관을 따라 하는 것이 좋다. 특히 내가 네게 부탁하고 싶은 것은 아침에 일찍 일어나는 습관을 지니라는 것이다.

"일찍 일어나는 새가 벌레를 많이 잡는다"라는 말처럼 아침을 일찍 시작하는 것은 매우 중요하다. 아침을 여유롭게 시작하면 그만큼 자신을 정리할 수 있을 뿐만 아니라 시간 역시 여유롭게 활용할 수 있기 때문이다.

아침에 일찍 일어나는 습관은 절제하는 삶에도 큰 도움이 된다. 아침에 일찍 일어나려면 저녁에 일찍 자야 하기 때문이다. 그렇게 되면 저녁에 불필요한 일정은 자연스럽게 만들지 않게 된다.

물론 어떤 사람들은 아침보다는 저녁이 되어야 더 힘이 나는 사람도 있다. 흔히 얘기하는 '저녁형 인간'인 셈이다. 하지만 지금 네게 '저녁형 인간'은 아무런 의미가 없다. 네가 밤에만 일하는 사람이나 밤이면 예술적 영감이 빛을 발하는 작가나 예술가, 프리랜서가 아닌 다음에야 대부분 사람이 그렇듯이 아침에 일찍 일어나서 학교에 가거나, 회사에 출근하는 삶을 살아야 하기 때문이다. 그러니 어찌 되었건 간에 '아침형 인간'이 되어야만 한다.

한의학에서는 "사람의 생체리듬은 체질의 영향을 받는다"라고 말한다. 즉, 아침형 인간이 되고 싶다고 해서 누구나 아침형 인간이 될 수 있는 것은 아니라는 것이다. 한의학에 따르면, 양인 체질을 가진 사람은 아침에 눈 뜨기가 비교적 쉽다고 한다. 소양인이나 태양인처럼 몸 안에 양기가 많은 사람은 햇빛의 기운에 잘 반응하기 때문에 음기가 많은 사람보다 아침에 훨씬 활기를 띤다는 것이다. 그러니 이런 사람들의 경우 집중력이 필요한 업무나 운동은 오전에 하는 것이 훨씬 효과적이다. 하지만 너나 나처럼 음기가 많은 소음인이나 태음인은 아침에 눈 뜨기가 쉽지 않다. 그러다 보니 아침잠이 유난히 많고, 오전에 업무나 운동에 집중하지 못하는 사람 중에는 소음이나 태음인이 많다. 이런 사람들이 아침 일찍부터 움직이기 시작하면 금방 피로해져서 오후 내내 기운이 달리기에 십상이다. 중요한 것은 프리랜서가 아닌 다음에야 일반인이 자기 마음대로 시간을 활용할 수는 없다는 것이다.

그런 경우에는 늦잠 자는 습관을 고쳐서 서서히 아침형 인간으로 생활 습관을 바꾸어 나가야 한다. 단, 한꺼번에 바꾸기보다는 조금씩 기상 시간을 앞당기는 것이 좋다. 가장 좋은 방법은 아침에 햇볕을 많이 쬐는 습관을 들이는 것이다. 따라서 기상 후 창문을 활짝 열어서 채광을 좋게 하는 것도 좋은 방법이다. 만일 아침에 일어나는 것이 힘들다면 몇 가지 행동 패턴을 정해두는 것도 좋다. 예컨대, 알람이 울린 후 해야 할 규칙을 정해두는 것이다. 음악을 듣거나 물을 한 잔 마시는 것이 그 예다.

잘못된 습관은 더는 미루지 말고 하루빨리 고치는 것이 좋다. 그렇지 않으면 그것이 삶을 더욱 엉망으로 만들 수도 있다. 그런 점에서 볼 때 좋은 습관이야말로 자신에게 줄 수 있는 최고의 선물이다. 어떻게 하면 잘못된 습관에서 벗어날 수 있을까.

세계적인 동기부여가 브라이언 트레이시(Brian Tracy)에 의하면, 잘못된 습관을 고치고, 새로운 습관을 만들려면 다음 7단계 과정을 거쳐야 한다.

- 1단계 : 결심하기
- 2단계 : 예외 인정하지 않기
- 3단계 : 다른 사람에게 말하기
- 4단계 : 새로운 자신을 시각화하기
- 5단계 : 확신하기
- 6단계 : 굳은 결심으로 밀어붙이기
- 7단계 : 자신에게 보상하기

문제는 새로운 습관을 지니기란 여간 힘든 게 아니라는 점이다. 예컨대, 새해가 되면 많은 사람이 새로운 결심을 하곤 하지만, 대부분 작심삼일로 끝나는 경우가 많다. 변화에 대한 두려움이나 망설임보다는 익숙한 것에 길들어져 있기 때문이다. 따라서 군은 의지와 각오로 그것과 결별하지 않는 한 새로운 습관을 지닐 수 없다.

브라이언 트레이시 역시 이 말에 동의한다. 그래서 그는 새로운 습관을 지니려면 두 가지 조건이 꼭 필요하다고 강조한다. '무조건 참는 것'과 '욕심부리지 않는 것'이 바로 그것이다. 한 번 몸에 밴 습관을 하루아침에 바꾸기란 그만큼 쉽지 않기 때문이다.

미국 100달러 지폐 초상화의 주인공인 벤저민 프랭클린(Benjamin Franklin)은 '미국의 정신'으로 불리는 미국의 전설 중 한 명이다. 하지만 14살까지 그는 매우 평범하고, 결함 많은 아이에 지나지 않았다.

14살 무렵, 그는 '지금과 다르게 살고 싶다'라는 결심을 하고, '새로운 나를 만들기 위한 계획'을 세웠다. 이때 그는 13개의 목표를 세운 후 거기에 맞춰 자신이 해야 할 실행 규칙을 몇 가지씩 덧붙였다. 그 규칙을 보면 재미있는 것들이 많다. '배부르게 먹지 말자', '건강과 잠자리를 위해서 만 잠을 자자'라는 것이 바로 그것이다.

사실 이런 사소한 규칙일수록 지키기가 더 어렵다. 하지만 프랭클린은 그것을 철저히 지켜나가면서 자연스럽게 몸에 배도록 했다. 주목할 점은 욕심부리지 않았다는 것이다. 첫 번째 목표를 완성하면 두 번째 목표를 시작했다. 그렇게 해서 이루기 쉬운 것부터 어려운 것 순으로 목표를 정리했다. 첫 번째 목표를 이루는 데 실패하면 쉽게 포기할 수 있다는 심리를 이용한 셈이다.

그다음으로 그가 신경 쓴 것은 철저한 '점검'이었다. 이를 위해서 그는 별도의 수첩을 만들어서 하루도 빠짐없이 목표 달성 여부를 점검했다. 만일 잘못한 게 있으면 검은 점을 찍고 반성했고, 주마다 하나씩 점검해서 13주 동안 철저히 관리했다. 그것을 1년 동안 4번에 걸쳐 반복했다. 그 결과, 몇 년 후에는 점 하나 찍히지 않은 깨끗한 수첩을 가질 수 있었다.

훗날 그는 자신의 성공 비결에 대해서 이렇게 말한 바 있다.

"내가 사람들에게 존경받는 가장 큰 이유는 좋은 습관을 갖고 있기 때문이다. 좋은 습관을 통해 나는 불행과 시련을 극복하는 힘을 얻었다."

▶▶▶ 지금과는 다른 삶을 살고 싶다면 그 방법은 하나뿐이다. 그것은 다름 아닌 지금까지와는 전혀 다른 삶을 살아야 한다는 것이다. 지금까지와 똑같은 방법으로는 원하는 삶에 절대 다가갈 수 없기 때문이다.

완벽한 사람이 될 필요는 없다. 그것을 꿈꿀 필요도 전혀 없다. 군데군데 허점 있는 사람이 훨씬 인간적이기 때문이다. 다만, 그 허점이 치명적 약점이 되고, 그 약점이 인생을 망치는 것이라면 그것만은 반드시 고쳐야 한다. 좋은 습관을 만드느냐, 그렇지 않으냐는 결국 자신의 삶을 사랑하느냐, 사랑하지 않느냐와 맞닿아 있기 때문이다. 그러니 더는 좋지 않은 습관으로 네 삶을 낭비하지 마라.

스무 살이 되는 아들에게

몸이 아프면
마음도, 인생도 아프다

살면서 가장 많이 걱정하는 것을 두 가지 꼽자면 단연코 '돈'과 '건강'이다. 언제나 1, 2위를 다툴 만큼 누구나 '돈'과 '건강'에 관해서 끊임없이 신경 쓰고 걱정하며 산다.

너는 이 둘 중에서 뭐가 더 중요하다고 생각하느냐? 많은 사람이 건강보다는 돈을 훨씬 중요하게 생각한다. 당장은 먹고사는 문제가 중요하기 때문이다. 하지만 건강을 잃으면 돈도 아무런 필요가 없다. 그런 점에서 볼 때 '건강은 곧 돈'이라고 할 수 있다. 건강만 잘 지켜도 적지 않은 돈을 아낄 수 있기 때문이다.

"건강보다 더 나은 재산은 없다.", "돈을 잃는 것은 조금 잃는 것이요, 건강을 잃는 것은 모든 것을 다 잃는 것이다.", "재산을 모으려고 건강을 해치지 마라. 건강이 곧 재산이다."

이렇듯 우리 삶에서 건강이 얼마나 중요한지 일깨워주는 말은 매우 많다. 그만큼 건강은 중요하다. 몸이 아프면 삶 전체가 무너지기 때문이다. 그렇다면 그런 건강을 어떻게 관리하고 유지해야 할까.

사실 건강에는 특별한 비법이 없다. 매일 건강한 생각과 행동을 적금처럼 쌓아나가는 것이야말로 최고의 건강 비결이기 때문이다.

지금은 네가 한창때라서 잘 모르겠지만, 건강을 잃는 것은 한순간이다. 그러니 건강은 건강할 때 더욱더 신경 써야 한다. 건강을 잃고 나면 모든 것이 무용지물이다. 그 대표적인 인물이 너도 잘 아는 애플 창업자 스티브 잡스(Steve Jobs)다.

알다시피, 스티브 잡스는 2011년 10월 췌장암으로 세상을 떠났다. 그는 사업가 이전에 애플 컴퓨터와 매킨토시, 아이폰 등으로 세상을 바꾼 '혁신의 아이콘'이었다. 하지만 그런 그도 췌장암이라는 복병을 이기지는 못했다. 사망 당시 그의 재산은 83억 달러, 우리 돈으로 자그마치 9조 5,400억 원에 달했다. 대부분 사람은 상상도 할 수 없는 금액이지만, 그에게는 그것도 아무런 소용이 없었다. 아무리 돈이 많아도 한 번 잃어버린 건강은 되찾을 수 없었기 때문이다.

세상을 떠나기 전, 그는 병실에 누워 자신의 삶을 돌아보며 이렇게 말했다.

"나는 사업에서 최고 정상에 올랐습니다. 다른 사람들의 눈에 비친 나는 그야말로 성공의 표본이었습니다. 그러나 일을 빼고 나면 내 삶에 즐거움은 거의 없었습니다. 결국, 돈만이 내가 익숙해져 있는 유일한 삶의 현실이었습니다. 그러나 병들어 침대에 누워있는 이 순간 나의 삶을 돌이켜보면, 내가 그렇게도 자랑스럽게 여겼던 다른 사람들에게 '인정받는 일'과 10조 원에 달하는 '엄청난 재산'조차도 죽음 앞에서는 별것이 아니요, 무의미함을 깨닫게 됩니다. 차를 대신 몰아줄 사람은 얼마든지 고용할 수 있습니다. 돈을 벌어줄 사람도 얼마든지 고용할 수도 있습니다. 하지만 누군가에게 나를 대신해서 병을 앓게 할 수는 없습니다."

모든 것을 가졌던 그 역시 죽음과 마주한 뒤에야 비로소 건강의 중요성을 깨달은 것이다. 하지만 이미 늦은 뒤였다.

사실 건강을 유지하는 방법은 수없이 많다. 하지만 여기서 그것을 다 말할 수는 없으니, 육체적인 건강과 정신적인 건강을 유지하는 가장 대표적인 방법만 얘기하도록 하마. 내가 얘기하는 것만 명심해도 건강한 삶을 유지하는 데 적지 않은 도움이 될 것이다.

육체적인 건강을 위해서는 잠을 잘 자는 것만큼 중요한 일은 없다. '잠이 보약'이라는 말처럼 잠을 잘 자야만 건강을 유지할 수 있기 때문이다. 일반적으로 성인의 경우 하루 8시간은 자는 것이 좋다. 하지만 똑같은 시간을 자더라도 숙면해야만 한다. 그렇지 않으면 아무리 자도 피곤할뿐더러 건강에도 적신호가 켜지기 때문이다.

숙면하려면 잠들기 2시간 전부터는 심한 운동이나 식사는 자제하는 것이 좋다. 또한, 간단한 스트레칭이나 산책 정도는 괜찮지만, 심한 운동이나 과식 역시 피해야 한다. 몸의 근육을 긴장하게 해서 숙면을 방해하기 때문이다.

정신적인 건강 유지에는 긍정적인 마음가짐만큼 좋은 것이 없다. 일례로, 킹스 컬리지 런던의 브렌던 스터브스(Brendon Stubbs) 박사는 뇌를 자극하려면 활동적인 상태를 유지하는 것이 중요하다고 주장한다. 운동은 기분을 좋게 할 뿐만 아니라 엔도르핀을 자극해서 통증을 완화하기 때문이다. 또한, 걷기가 뇌의 휴식과 건강에 좋다는 것은 이미 의학적으로 검증된 사실이다. 하체를 많이 움직일수록 뇌 활동이 활발해지기 때문이다. 그러니 머리를 많이 쓰는 일을 한 후에는 최소한 10분 이상은 걷는 습관을 지니도록 해라. 일부러 시간을 내는 것이 어렵다면 10분 정도 걸어가야 하는 곳을 식사 장소로 정하는 것도 좋은 방법이다.

생각 역시 지나치게 하지 않는 것이 좋다. 이에 대해 옥스퍼드 대학 심리학자 제니퍼 웨일스(Jennifer wales) 박수는 "30분 이상 똑같은 문제에 대해서 걱정했거나 정답을 찾지 못했다면 생각을 멈춰야 한다"라고 말한다. 지나친 걱정은 스트레스를 유발하고 불안장애로 이어지기 때문이다.

새로운 목표를 설정하는 것 역시 정신적인 건강 유지에 큰 도움이 된다. 새로운 일에 도전하는 것은 자존감을 높여줄 뿐만 아닐 집중력과 통제력을 향상하는 데도 도움이 되기 때문이다. 사람들과 꾸준한 관계 역시 필요하다. 고립된 생활을 하는 사람일수록 자신이 겪는 문제에만 집중할 가능성이 크다. 그렇게 되면 외로움을 느낄 수밖에 없고, 심하면 우울증에 빠질 수 있다. 무엇보다도 인간은 서로 돕고 살아야 하는 사회적인 동물이다.

▶▶▶ 건강은 여유로운 마음에서 나온다. 늘 쫓기는 삶을 살면 절대 건강할 수 없다. 그러니 일할 때 절대 서두르지 말고 항상 여유를 갖도록 해라. 생각이 바뀌면 행동이 달라지고, 행동이 달라지면 습관이 변하며, 습관이 달라지면 건강이 달라지고, 건강이 달라지면 인생이 달라진다.

의학 기술의 발달로 인간의 수명이 점점 늘어나고 있다. 하지만 우리가 고민해야 할 것은 '얼마나 오래 살 것인가'가 아닌 '얼마나 건강하게 오래 살 것인가'이다. 아무리 오래 살아도 건강하지 않으면 아무 소용 없기 때문이다. 그러자면 무엇보다도 스트레스받지 않고 느긋하게 즐기는 삶을 살아야 한다. 몸이 아프면 마음도 인생도 아프기 마련이다.

삶의 탈출구가 있어야 한다

평균수명이 점점 길어지고 있다. 2045년이면 평균수명이 120세까지 늘어난다고 한다. 그렇게 되면 일에서 물러나는 60세 전후의 나이가 딱 절반인 셈이다. 흔히 하는 말로 한창때라고 할 수 있지만, 대부분 일에서 물러나서 외로운 노후를 보내야 한다. 30여 년 가까이 배워서 30여 년 일 하고, 60여 년은 허송세월해야 하는 것이다.

2045년이면 네가 지금의 내 나이 즈음이 되는 때다. 그때가 되면 나는 이 세상에 없을지도 모른다. 내 경험상, 사람은 나이 들수록 외로워진다. 아울러 사춘기 못지않은 극심한 삶의 성장통을 겪기도 한다. 젊음의 상 실감과 가정, 사회에 대한 불만, 현실에 대한 회의, 변화에 대한 갈망 등으 로 내적 갈등과 큰 혼란을 겪기 때문이다.

나 역시 매우 심한 성장통을 겪었다. 무작정 앞만 보면서 달려왔는데,

과연 내가 제대로 달려온 것인지, 앞으로도 이렇게 달리는 것이 가능한지, 이것이 내가 정말 원하는 삶이었는지, 라는 의문과 불안이 나를 무시로 괴롭혔다. 하지만 이는 나이 든 사람만의 문제는 아니다. 젊은 사람들 역시 언제라도 그런 경험을 할 수 있다. 삶의 위기와 의문은 누구에게나, 언제라도 찾아올 수 있기 때문이다. 그건 너 역시 마찬가지다.

그런 상황에 부딪혔을 때 거기서 빨리 벗어나려면 자신만의 비장의 무기가 있어야 한다. 복잡한 세상사에서 잠시 벗어나서 마음의 해묵은 때를 벗기는 탈출구 같은 것 말이다. '취미'가 바로 그것이다.

취미란 돈이 아닌 기쁨을 얻기 위해 하는 활동 즉, '전문적으로 하는 것이 아니라 즐기기 위해서 정기적으로 하는 일'을 말한다. 따라서 어렵고 힘든 일이 아닌 할수록 즐겁고 재미있는 일을 취미로 삼아야 한다. 재밌고 즐겁지 않으면 오래 할 수 없기 때문이다.

다행히 너는 어렸을 때부터 바이올린을 해왔고, 기타 역시 오랫동안 해왔기에 나보다는 훨씬 즐겁고 행복한 삶을 살 수 있을 것이다. 또한, 성격 역시 긍정적이고 외향적이기에 위기와 혼란에 처해도 금방 헤쳐나올 수 있으리라고 생각한다.

음악에도, 그림에도 특별한 재주가 없는 나는 솔직히 그런 네가 부러웠던 적도 있다. 무엇이건 열심히 해서 잘하고 싶은 마음은 컸지만, 막상 해보면 재미가 없었다. 그래서 금방 지쳐서 포기하기 일쑤였다. "잘하는 것보다 열심히 하는 것이 중요하다"라거나 "처음부터 잘하는 사람은 없다. 꾸준히 하면 누구나 잘 할 수 있다"라고 하는 사람도 분명 있을 것이다. 옳은 말이다. 하지만 그것은 옳은 말일 뿐, 배려는 담기지 않은 말이다. 핑계라고 해도 좋고, 변명이라고 생각해도 좋다. 중요한 것은 어떤 일도 재밌고 즐겁지 않으면 금방 지루해진다는 것이다. 그러니 취미는 재밌고 즐거운 일 중에서 찾아야 한다.

취미가 일로 연결되면 더욱더 좋다. 실례로, 달리기가 좋아서 달리기 에이전시를 차린 사람이 있는가 하면, 취미 삼아 글을 쓰다가 웹 소설 작가가 된 사람도 있고, 레고 블록 만들기를 좋아하다가 레고 공인 작가(레고 회사에서 작가로 인정해 주는 전문가)로 인정받아 레고 전문매장에 들어가는 작품을 직접 만들어서 파는 회사를 창업한 사람도 있다. 요즘, 흔히 하는 말로 자신이 좋아하는 일에 빠져서 그것을 직업으로 삼는 '덕업일치'의 삶을 사는 셈이다. 그런 사람들을 '하비프러너(Hobby-Preneur)'라고 한다. 영어로 취미를 뜻하는 'Hobby'와 무엇을 추구하는 사람이라는 뜻의 'Preneur'가 합쳐진 말이다. 비슷한 말로 취미와 직업을 합친 '호큐페이션(Hoccupation)'이 있다.

주 52시간제 도입과 평균수명의 연장, 일과 삶의 균형을 추구하는 '워라벨(Work-life balance)' 문화의 확산으로 인해 취미를 통해 인생을 즐기려는 사람이 급속히 늘고 있다. 그만큼 사회가 급속하게 변하고 있다는 방증이다. 하지만 취미를 직업으로 삼으려면 즐기는 것 못지않게 지식과 전문성 역시 갖춰야 한다. 단순히 즐기는 것과 그것을 직업으로 삼는 것은 전혀 다른 문제이기 때문이다. 예컨대, 그림 그리는 것을 좋아한

다고 해서 모두 화가가 될 수 있는 것은 아니다. 화가가 되려면 뛰어난 재능과 꾸준한 트레이닝, 창의력이 필요하기 때문이다. 그런 점에서 볼 때 취미와 재능은 별개라는 점 역시 반드시 인식할 필요가 있다. 간혹 자기가 좋아하는 것과 타고난 재능을 혼동하는 사람이 있기 때문이다.

취미가 직업이 된 가장 대표적인 예로 요리 연구가 백종원 씨가 있다. 흔히 '백주부'라는 애칭으로 불리는 그는 중학교 때부터 요리책을 탐독할 만큼 요리에 관심이 많았다고 한다. 대학 시절에는 수업을 듣는 대신 맛집을 순례했고, 군 시절에는 군 역사상 최초로 식당을 맡은 장교가 되었다. 그가 만든 음식을 맛본 장군의 지시 때문이었다.

그가 처음부터 외식 사업을 한 것은 아니다. 대학 졸업 후 인테리어 사업을 시작했지만, 별다른 성과가 없자 부동산에 들러 농담 반 진담 반으로 "어디 식당 할 만한 자리 없어요?"라고 한 것이 계기가 되었다. 대패삼겹살로 유명한 '원조쌈밥집'이 탄생한 순간이었다.

그렇다고 해서 그의 인생이 순조로웠던 것만은 아니다. 그 역시 누구보다도 롤러코스터 같은 삶을 살았다. 특히 IMF 위기는 그에게 17억 원이라는 어마어마한 빚을 떠안게 했다. 순식간에 빈털터리가 된 그에게 남은 것이라고는 원조쌈밥집뿐이었다. 그때 그는 식당으로 채권자들을 불러서 "식당을 직접 운영해서 빚을 갚겠다"라고 부탁하며, 다시 한번 기회를 얻었다. 물론 식당을 팔아서 빚 일부를 갚은 후 다른 일을 할 수도 있었지만, 그는 요리로 승부를 내고 싶었다고 한다. 요리야말로 그가 가장 좋아하는 일이자, 가장 잘할 수 있는 일이었기 때문이다. 그때부터 그는 눈 뜨고 있는 시간에는 식당에만 머물렀고, 집에서는 잠만 잤다. 인생의 마지막 기회일 수도 있는 시간을 허투루 보낼 수 없었기 때문이다. 그 결과, 한신포차를 비롯해 새마을식당, 홍콩반점 등의 사업이 계속해서 대박을 터뜨렸고, 비로소 위기에서 벗어날 수 있었다.

▶▶▶ 살면서 내가 가장 부러워하는 사람이 있다. 자신이 좋아하는 일을 하면서 사는 사람들이 바로 그들이다. 그것만큼 행복한 일은 없기 때문이다. 그런데 만일 하는 일이 전혀 즐겁지 않다면 어떻게 해야 할까. 생각건대, 그것만큼 힘들고 어려운 일은 없을 것이다. 뭘 해도 즐겁지 않을 테니 말이다. 그때 필요한 것이 바로 삶의 도피처다. 즉, 삶의 탈출구가 있어야만, 지치지 않고 끝까지 일할 수 있다.

힘든 순간에 느끼는 잠시의 여유만큼 달콤한 것은 없다. 또한, 그것은 힘들고 복잡한 삶에서 한 발 벗어나서 숨 쉬게 하는 원동력이 되기도 한다. 취미란 바로 그런 것이다. 그만큼 인생을 즐길 수 있는 취미는 자신감 있고 활기찬 삶을 살게 하는 힘이 된다.

악기 연주 건, 운동이건, 독서 건, 영화 및 음악 감상이건, 동호회 활동이건 상관없다. 중요한 것은 자신이 좋아하고 즐길 수 있는 일을 택해서 마음의 쌓인 때를 벗겨내는 것이다. 그러니 사는 동안 그런 취미 하나쯤은 반드시 있어야 한다.

외로울 때 힘이 되는
행복한 추억을 많이 만들어라

흔히 "사람은 추억을 먹고 산다"라고 말하곤 한다. 그만큼 추억은 우리 삶과 떼려야 뗄 수가 없다. 훗날, 인생을 돌이켜볼 때 좋은 추억만큼 우리를 행복하게 하고 웃게 하는 일도 없기 때문이다. 그러니 이왕이면 떠올리는 것만으로도 즐겁고 행복한 추억을 많이 만들어야 한다. 그런 점에서 볼 때 '첫'이라는 단어만큼 우리를 설레게 하고 떨리게 하는 말은 없다. '첫사랑', '첫 만남', '첫 키스', '첫눈' 등 생각만으로도 마음이 뭉클해지고 행복해진다.

지금은 공간이 없어져서 치워졌지만, 일 년 전까지만 해도 내 책상 위에는 네가 다섯 살 때 그려준 내 캐리커처가 놓여 있었다. 아직도 그날의 기억이 선명하다.

봉천동 아파트로 이사한 지 얼마 안 되었던 주말이었다. 갑자기 네가 녹색 크레파스를 들더니, 나를 쳐다보며 "아빠, 얼굴 그려줄게"라면서 순식간에 손을 놀렸다. 한 10초쯤 걸렸을까. 내 눈앞에 내민 종이 위의 그림을 보고 나는 깜짝 놀랐다. 사람이 놀라면 뒷머리가 곤두선다고 하는데, 그때 나는 그 기분을 느꼈다. 나와 꼭 닮은 사람이 그려져 있었기 때문이다. 누가 그려도 그처럼 똑같이 그리지 못할 만큼 정말 뛰어난 솜씨였다. 보는 사람마다 "정말 똑같다"라고 했을 정도니, 내가 느낀 놀라움과 기쁨이 어느 정도였는지 충분히 짐작할 수 있을 것이다. 나는 그 그림을 휴대전화 카메라로도 찍고, 액자에도 담아두고는 생각날 때마다 한 번씩 보고는 했다. 그만큼 그 일은 내게 있어 절대 잊지 못할 소중한 추억이 되었다.

그런가 하면 생각할수록 마음 아픈 일도 있다. 네가 다섯 살 때 광명 경륜장 공원에서 자전거를 타던 아이와 부딪혀서 눈 위에 깊은 상처를 입은 일이 그것이다. 지금도 그 상처를 볼 때마다 그날의 기억이 선명하게 떠올라 나를 괴롭히곤 한다. 우는 너를 데리고 빨리 병원을 찾았어야 했는데, 그 정도쯤이야 라며 여유를 부렸던 내가 한없이 원망스럽다. 옛 앨범을 들추다 보면 그날 밤 눈 위에 메디팜을 붙인 채 아파하는 네 사진이 있다. 도대체 그 사진은 왜 찍었는지 지금도 의문이다. 아픈 너를 다독다독 감싸줘야 했는데 말이다. 정말 미안하다.

또 하나 네게 미안한 점이 있다. 네게 좋은 추억을 많이 갖게 하지 못한 것이다. 특히 목동으로 이사한 후 아빠와 엄마의 관계가 썩 원만하지 못했다. 비록 네가 말은 하지 않았지만, 한참 사춘기였던 네게는 틀림없이 큰 상처가 되었을 것이다. 그래도 그것을 내색하지 않고 잘 자라주어서 고맙지만, 한편으로는 일찍 철든 네가 안쓰러워서 마음이 매우 아프다.

누구나 외롭고 힘들 때면 가장 생각나고, 가장 돌아가고 싶은 기억이 있다. 그것이 바로 추억의 힘이다.

1990년대의 추억과 감성을 선물하며 남녀노소를 TV 앞으로 불러모은 드라마가 있다. 〈응답하라 1994〉가 바로 그것이다. 이 드라마의 성공 원인은 여러 가지가 있지만, 가장 큰 요인은 농구대잔치, 서태지와 아이들, 삐삐, 시티폰, 삼풍백화점 붕괴 등 당시 사회적으로 화제를 일으킨 이슈를 통해 그 시대를 산 사람들의 추억을 자극한 데 있다. 그러다 보니 많은 사람이 드라마를 보면서 웃기도 하고 울기도 했다. 어떤 사람은 지나간 추억을 떠올리며 누군가를 그리워했고, 또 어떤 사람은 잊어버린 소중한 기억을 떠올리며 가슴 아파했다.

그 열풍은 〈응답하라 1988〉로 고스란히 이어지며 한 번쯤 다시 돌아가고 싶은 1980년대를 완벽하게 재현하며, '레트로(Retro)' 열풍을 일으켰다. 레트로란 추억, 회상, 회고를 뜻하는 영어 'Retrospect'의 줄임말로 옛날의 상태로 돌아가거나 지나간 것을 그리워하고 그것을 되살리는 것을 말한다.

〈슈가맨〉이라는 TV 프로그램 역시 그런 취지에서 만들어졌다. 사실이 말은 2013년 제85회 아카데미 시상식에서 장편 다큐멘터리상을 받은

'서칭 포 슈가맨(Searching for Sugar Man)'이라는 스웨덴 영화에서 빌어 온 것이다. 전설적인 음반을 남긴 뒤 홀연히 사라진 뮤지션, 식스토 디아 즈 로드리게스(Sixto Diaz Rodriguez)를 찾는 이야기다.

한때 '밥 딜런을 뛰어넘는다'라는 평가를 받던 식스토 디아즈 로드리 게스는 1970년대 초 미국 대형 음반사에서 두 장의 음반을 발매했지만, 거의 팔리지 않았고, 결국 음반과 함께 시대의 뒤안길로 사라졌다. 그런 데 얼마 후, 남아프리카공화국의 전설적인 가수가 되었다. 한 미국인이 갖고 들어간 그의 음반이 그곳에서 큰 인기를 끌었기 때문이다. 그 결과, 1998년에는 순회공연까지 열었지만, 곧 잊히고 말았다.

영화는 그에 대한 궁금증을 해결하고자, 그를 추적하는 과정을 담고 있다. 그리고 그때부터 '슈가맨'이라는 말은 '한 시대를 풍미했지만, 지 금은 잊힌 가수 또는 짧지만 강렬한 인상을 남긴 가수'를 뜻하는 말로 사 용되고 있다.

내가 어린 시절만 해도 추억할 것이 넘쳐났다. 계절마다 바뀌는 풍경 과 거기에 맞춰 놀 수 있는 것이 매우 많았기 때문이다. 아이들 역시 지금 과는 달리, 시간이 매우 자유로웠다. 학원에 다니는 아이는 거의 없었다. 수업 시간을 제외하고는 학교에서도 놀고, 집에 와서도 놀았다. 그러니 얼마든지 즐겁고 재미있는 추억을 만들 수 있었다. 나이 들수록 그런 추 억이 하나둘씩 떠오르며 나를 웃음 짓게 한다.

그런 점에서 볼 때 네 세대는 불행하다고 할 수 있다. 추억할 것도 많지 않을뿐더러 학원에 다니느라 시간 역시 자기 마음대로 쓸 수 없기 때문이다. 당연히 추억이라고 할 만한 것도 거의 없다. 생각건대, 가족과 여행 가거나 체험학습을 떠나는 것이 유일한 즐길 거리일 것이다. 중요한 것은 그것이 과연 훗날 떠올리는 것만으로도 즐겁고 행복한 추억이 될 수 있느냐는 것이다. 생각하기에 따라서는 좋은 추억이 될 수도 있겠지만, 나는 그렇게 생각하지 않는다. 추억은 희로애락의 감정이 담기고, 자발적이어야만 오래가고 소중하기 마련인데, 거기에는 그런 감정도 자발성도 담기지 않는 경우가 많기 때문이다. 어쩔 수 없이 해야 하는 의무감과 반복되는 일상은 일의 즐거움을 반감시킨다. 그런 추억이 소중하고 오래 갈 리 없다. 차라리 그보다는 하루쯤 학원에 빠지고 친구와 둘이서 여행하는 것이 더 즐겁고 오래 기억될 것이다.

추억만큼 진한 향수를 불러일으키는 것은 없다. 하지만 많은 사람이 어떤 일이 추억이 되기 전까지는 그것의 소중함을 전혀 깨닫지 못한다. 삶의 매 순간 일어나는 일에 무관심하고, 특별하지 않은 한 어떤 의미도 두지 않기 때문이다.

그건 나 역시 마찬가지다. 반복되는 일상의 무게에 짓눌려서 그것의 소중함을 미처 깨닫지 못하는 때가 많다. 하지만 지금 우리는 중요한 사실을 하나 망각하고 있다. 지금, 이 순간도 언젠가는 추억이 될 것이라는 걸 깨닫지 못하고 있는 것이다. 과거만이 추억이 되는 것은 아니다. 지금, 이 시간도 언젠가는 과거가 된다. 따라서 지금, 이 순간 일어나는 일도 관

심을 두고 특별하게 만들어야 한다. 인생은 한 번뿐, 다음은 없다

▶▶▶ 추억이 아름답고 소중한 이유는 다시는 그 시간을 되돌릴 수 없기 때문이다. 따라서 순간순간 행복한 일을 많이 만들어야 한다.

이제 시간을 어느 정도 자유롭게 쓸 수 있게 되었으니, 훗날 기억할 수 있는 즐겁고 행복한 추억을 많이 만들어라. 그리고 그것을 모아서 친구들과 한 권의 책으로 만들어 공유하는 것도 좋은 방법이다. 생각건대, 아주 뜻깊은 경험이 될 것이다. 단, 지나친 감상주의에 빠져서 위험한 추억을 만들거나 말도 안 되는 일을 추억이랍시고 해서는 절대 안 된다. 그것은 추억이 아니라 나쁜 기억이 될 뿐이다.

바라건대, 떠올리는 것만으로도 가슴 뭉클해지고, 외로울 때 힘이 되는 행복한 추억을 많이 만들기를 바란다.

스무 살이 되는 아들에게

'초심'이 중요한 이유

'솔개'라는 새가 있다. 수리과에 속하는 솔개의 수명은 70살로 40살 정도가 되면 변화할 것인지, 아니면 그대로 살다가 죽을 것인지 선택의 갈림길에 선다고 한다. 그때쯤이면 부리는 가슴 쪽으로 구부러지고, 발톱은 안으로 굽어진 채 굳어져서 눈앞에 보이는 먹이조차 잡을 수 없기 때문이다. 깃털 역시 처음보다 훨씬 두꺼워져서 하늘을 나는데 큰 짐이 된다. 한마디로 골방 노인 신세가 되는 셈이다. 하지만 스스로 변하겠다는 마음을 품고 변화를 끌어내면 새로운 삶을 살 수 있다. 그러자면 모진 아픔과 시련의 시간을 견뎌야 한다.

솔개가 새로운 삶을 살기 위해서 가장 먼저 하는 일은 부리로 바위를 쪼아서 부리가 깨지고 빠지게 하는 것이다. 사람으로 치면 생이를 뽑는 것과도 같다. 새 부리가 자라면 그것으로 낡은 발톱과 두꺼워진 깃털을 하나하나 뽑는다. 그렇게 해서 6개월 후면 새 부리와 새 발톱, 새 깃털을 지닌 채 다시 하늘을 훨훨 나는 새로운 삶을 산다.

새로운 변화에는 항상 고통과 시련이 따르기 마련이다. 하지만 그것이 두려워서 변화를 주저하게 되면 미래를 잃고 만다. 고통과 시련이 두려워서 미래를 준비하지 않는 사람에게는 미래가 없기 때문이다.

아닌 게 아니라 미래를 준비하는 시간은 분명 고통과 시련의 시간이다. 하지만 자신이 원하는 일이 반드시 이루어질 것이라는 믿음과 희망만 있다면 그 시간은 얼마든지 참고 견딜 수 있다.

삶은 성공과 행복이라는 열매를 누구에게나 주지는 않는다. 솔개처럼 스스로 변화하려는 의지를 갖고 끊임없이 노력하는 사람만이 그것을 누릴 수 있다. 이에 대해 빌 게이츠는 이렇게 말했다.

"절대 현재에 만족해서는 안 된다. 끊임없이 업그레이드해야 한다. 그렇지 않으면 곧 도태할 것이기 때문이다. 문제는 그것이 우리 자신에 의해서냐, 다른 누군가에 의해서냐 일뿐이다."

굳이 빌 게이츠의 말을 빌리지 않더라도 우리 역시 변화하지 않으면 도태한다는 사실을 수많은 경험을 통해 너무도 잘 알고 있다. 그러다 보니 항상 초조해하며 조바심내기 일쑤다. 하지만 서두를수록 실수하거나 일을 그르치기에 십상이다. 씨앗을 뿌렸다고 해서 곧바로 열매를 수확할 수는 없기 때문이다. 비바람과 땡볕을 온전히 견디면서 참고 버텨야만 꽃도 피우고, 열매도 맺을 수 있듯, 철저히 준비하고 차분하게 기다릴

줄 알아야 한다. 최고의 작품일수록 오랜 기다림이 필요한 법이다.

프랑스 문학 사상 가장 위대한 작가로 꼽히는 빅토르 위고(Victor-Marie Hugo)가 《레미제라블》을 발표한 것은 그의 나이 예순이었다. 또한, 《반지의 제왕》은 존 로널드 로얼 톨킨(John Ronald Reuel Tolkien)이 예순둘에 발표한 작품이며, 공포 영화의 거장 앨프레드 히치콕(Alfred Hitchcock) 역시 예순 하나에 필생의 역작 《사이코》를 완성했다.

세계 최고의 술로 알려진 프랑스의 코냑 '루이 13세' 역시 오랜 기다림과 정성이 만든 술이다. 루이 13세 한 병을 만들려면 100년이 필요하다고 한다. 그러니 얼마나 많은 인내와 정성, 노력이 필요한지는 짐작하고도 남는다. 특히 제조부터 숙성까지 100년이란 시간이 필요하기에 처음 그 술을 만든 사람은 술의 완성을 보지도 못하고 세상을 떠나고 만다. 따라서 그것은 그저 그런 술이 아닌 인내의 결정체라고 할 수 있다.

자신이 원하는 삶을 살려면 세 가지 마음을 가져야 한다. 초심, 열심, 뒷심이 바로 그것이다. 그중 가장 중요한 것이 바로 '초심'이다. 초심이 없으면 열심을 가질 수 없고, 초심을 잃지 않아야만 뒷심 역시 나오기 때문이다.

초심이란 뭔가를 시작하면서 가진 첫 마음을 말한다. 그만큼 순수하고 뜨겁다. 그 초심이 중요하다는 것을 모르는 사람은 아마 없을 것이다. 그것을 품었을 때만큼 우리 마음이 뜨겁게 불타오르고, 뭔가를 하고자 하는 마음이 충만한 적은 없기 때문이다. 하지만 살면서 초심을 지키기란 매우 힘들다. 이 일 저 일에 치이면서 바쁘게 살다 보면 어느 순간 초심을 잃고 살기 일쑤기 때문이다. 하지만 삶이 힘들고 슬럼프에 빠졌을 때일수록 초심을 지켜야 한다. 초심만큼 슬럼프를 예방하고 치유하는 최고의 처방은 없기 때문이다. 그것이 우리가 살면서 초심을 반복해서 되뇌어야 하는 이유다.

세계적인 피아니스트가 있었다. 그의 현란한 솜씨에 사람들은 모두 감동했고, 수많은 사람이 그에게 '어떻게 하면 그렇게 피아노를 잘 칠 수 있는지' 비결을 물었다. 그러자 그는 아무 말 없이 손가락으로 한쪽 벽을 가리켰다. 그가 가리키는 곳에는 종이 한 장이 붙어있었고, 거기에는 다음과 같은 말이 적혀 있었다.

"목숨 걸고 연주하라"

우리를 감동하게 하는 사람들에게는 한 가지 공통점이 있다. 그것은 바로 초심을 잊지 않고 치열하게 자기 일에 매달린다는 것이다. 그만큼 절실하기 때문이다.

모든 사물에는 '임계점'이 존재한다. 임계점이란 '경계에 다다른 지점'이라는 뜻으로 어떤 상황이 처음에는 미미하게 진행되다가 어느 순간 갑자기 모든 것이 급격하게 변하기 시작하는 극적인 순간을 의미하는 '티핑 포인트(Tipping Point)'를 말한다.

모든 사물은 티핑 포인트에 이르면 폭발적으로 성장한다. 다만, 거기에 이르는 과정이 어렵고 힘들 뿐이다.

스무 살이 되는 아들에게

열심히 해도 나아지는 것이 없고, 항상 제자리걸음일 때 대부분 사람은 그만 포기하고 싶어 한다. 하지만 그 순간에 주저앉느냐 버텨내느냐가 그다음 단계, 나아가 최종적인 성패를 결정한다면 어떻게 해야 할까.

성공한 사람일수록 한 번 목표를 정하면 절대 흔들리지 않는다. 간절함과 절박함으로 끝까지 참고 버티면서 자신을 벼랑 끝으로 내몬다. 이를 가능하게 하는 것이 바로 초심이다. 그만큼 초심은 뜨겁고 간절하다.

▶▶▶ 미래는 아직 오지 않는 시간이다. 아직 오지 않았다는 것은 누구도 그것을 본 적 없고, 경험하지 못했다는 뜻이다. 그것이 많은 사람이 미래를 두려워하는 이유다. 하지만 그렇다고 해서 미래를 두려워할 이유는 전혀 없다. 미래를 알 수는 없지만, 지금까지의 경험과 데이터를 토대로 얼마든지 예측할 수는 있기 때문이다. 따라서 누구나 노력하기에 따라서 자신에게 닥칠 위기에 얼마든지 지혜롭게 대처할 수 있다. 그러니 미래를 두려워하지 말고, 네 삶을 적극적으로 만들어가라. 네 미래는 지금 네가 무엇을, 어떻게 하느냐에 달려 있다.

삶은 우리 인생에 어떤 일이 생기느냐에 따라서 결정되는 것이 아니다. 그것은 우리가 어떻게 하느냐에 따라서 결정된다는 사실을 잊지 말아야 한다.

스무 살이 되는 아들에게

초판 1쇄 인쇄 2021년 11월 10일
초판 1쇄 발행 2021년 11월 18일

지은이 임채성
책임 편집 현영환
디자인 산타클로스 김현미

펴낸곳 루이앤휴잇
주 소 서울시 양천구 목동동로 240, 103동 502호(목동, 현대1차아파트)
전 화 070-4121-6304   **팩 스** 02)6455-7642
메 일 pacemaker386@gmail.com
포스트 https://post.naver.com/lewuinhewit

출판등록 2011년 8월 30일(신고번호 제313-2011-244호)

종이책 ISBN 979-11-86273-53-1   13320
전자책 ISBN 979-11-86273-54-8   15320

이 도서는 한국출판문화산업진흥원의 '2021년 출판콘텐츠 창작 지원 사업'의 일환으로
국민체육진흥기금을 지원받아 제작되었습니다.